Andreas Rossmann

Mit dem Rücken zum Meer

Ein sizilianisches Tagebuch

**Fotografien von
Barbara Klemm**

D1693208

Verlag der Buchhandlung
Walther König, Köln

„1039 Kilometer Küste – 440 am Tyrrhenischen Meer, 312 am Afrikanischen Meer, 287 am Ionischen Meer: doch diese große Mittelmeerinsel scheint in ihrer Art, in ihrem Leben ganz nach innen gewandt, angeklammert an Hochebenen und Berge, darauf bedacht, sich dem Meer zu entziehen und dieses hinter einen Vorhang von Anhöhen und Mauern zu verbannen …"

Leonardo Sciascia

2013

ANFLUG „This is your captain speaking" hat sich zum letzten Mal gemeldet und das Überfliegen der „Hauptstadt Rom" durchgesagt – vor zehn, fünfzehn Minuten erst. Noch ist unter uns nur Meer zu sehen, schier endlos und in vielen Farben blau. Da geht, wie auf ein geheimes Kommando, ein leises Rascheln durchs Flugzeug; ein akustisches Lauffeuer. Die Passagiere verlassen den Dämmerschlaf-Modus. Die Frauen knipsen ihre Handtaschen auf, fischen nach den Schminktäschchen, ziehen Lippen und Lidschatten nach. Dann ein Blick aufs Smartphone. Ob die Verwandten, die sich zum Abholen angesagt haben, schon am Ausgang warten? Der ältere Herr, der fast zwei Stunden lang in seinem Sitz gedöst und eine leicht muffige, missgelaunte Aura verströmt hat, ist plötzlich wie ausgewechselt; hellwach und aufgeräumt, zwinkert er der Signora, seiner Nachbarin auf der anderen Seite des Ganges, zu und erzählt, dass seine Tochter, Ärztin an einem Siegburger Krankenhaus, die mit einem Deutschen verheiratet sei, „der ist auch Arzt", ihren Sohn, es sei sein erster Enkel und bleibe hoffentlich nicht der einzige, selbstverständlich in Sizilien taufen lasse. Von dem Pfarrer in Alcamo, der ihr schon die Heilige Kommunion erteilt habe.

Die Kinder, die eben noch schlummerten oder nicht schlafen konnten, sind nun ganz aufgedreht, vielleicht auch die Stimmen ihrer Eltern. „Sicilia! Sicilia! Sicilia!", kräht ein blonder Dreikäsehoch und kann sich gar nicht mehr einkriegen. „Your seat in upright position". Durchs Fenster sind plötzlich die Lichter der Küste zu sehen, eine Kette aus kleinen orangen Perlen. Rechts – das könnte Castellammare del Golfo sein, links die Conca d'Oro, das Goldene Becken, die Ebene um die Hauptstadt Palermo. Dann geht es auf einmal ganz schnell. Das Flugzeug schwenkt nach links auf die Landebahn, die parallel zum Ufer verläuft, das Aufsetzen rumpelt etwas. Der Beifall klingt dennoch nach Bestnote.

PALERMO „Nein", sagt der Sizilianer, Mitte dreißig, der im Flughafen Falcone e Borsellino in Palermo neben uns am Gepäckband wartet, „ich fahre nicht nach Hause, um Urlaub zu machen; ich bin schon vor ein paar Jahren zurückgekehrt nach Caltanissetta." Für eine Woche hätten seine Schwester und er die Eltern in Bonn besucht, die warteten nur noch auf die Rente, dann kämen auch sie zurück; in acht Monaten sei es soweit. „Mit 65 Sachen haben sie mich innerorts geblitzt, 25 Euro, die hab ich gleich mit der EC-Karte bezahlt. Willkommen in Deutschland", frotzelt er in akzentfreiem Deutsch, „da geht es mir hier besser." Der Zubringer zum Flughafen ist wie ausgestorben, erst auf der Autobahn herrscht viel Verkehr; keine Raser wie früher oft, kaum obere Mittelklasse, der Liter Benzin kostet 1,82 Euro, der Panda ist hier der Volkswagen. Die Stelle bei Capaci, wo die Cosa Nostra am 23. Mai 1992 Giovanni Falcone, seine Frau und drei Leibwächter in die Luft sprengte, nur der Fahrer überlebte schwer verletzt, bleibt im Dunkeln unsichtbar. Palermo wendet dem, der es auf der Circumvallazione umfährt, seinen mit uniformen Mietskasernen aus den Siebzigerjahren verschandelten Rücken zu. Die Tankstellen sind nach Mitternacht noch geöffnet. Jede zweite Abfahrt eine Verführung: „Mondello", „Duomo", „Monreale".

Ausfahrt Casteldaccia. An der Kreuzung mit der SS 113, der Staatsstraße, die von Trapani nach Messina die Küste entlangführt, mehrere Lokale, die hell erleuchtet und voller junger Leute sind. Bis auf die Fahrbahn stehen die Gäste, dahinter dunkle Schlafstraßen. Unter einer Brücke stapelt sich meterhoch Müll.

SANT'ELIA Der Ortsteil von Santa Flavia scheint, auf den ersten Blick, ein Postkartenidyll: Sant'Elia hat eine Felsküste mit kleinen Badebuchten, klares Wasser, einen Hafen mit Fischerbooten, eine Promenade mit Bäumen, Kneipen, Restaurants. Am Sonntag herrscht viel Betrieb; Tagesausflügler aus der Hauptstadt. Übers Meer jagen junge Leute in Schnellbooten, die Ghettoblaster aufgedreht wie in der Disco. Segler sind in der Minderheit. Die Besitzer der Villen auf den Klippen haben von keinem TÜV abgenommene Treppen und Stege montieren lassen, an deren Ende eine Leiter direkt ins Meer hinabreicht. Viele aufgegebene Häuser, manche zerfallen schon, aber auch ein paar, die wieder hergerichtet werden. Die meisten Villen stehen, so erzählt der Verwalter des Vermieters, elf Monate im Jahr leer und werden nur im August von den Besitzerfamilien aus Palermo bewohnt. Der Panoramablick über die Bucht reicht vom Kap Zafferano bis, wenn die Luft klar ist, nach Cefalù; dazwischen strecken sich die Schornsteine der Raffinerien bei Termini Imerese in den blauen Himmel. In den engen Straßen und Gassen baumeln Plastiktüten mit Abfällen von den Balkonen oder hängen auf Kopfhöhe neben den Haustüren, damit die Ratten und streunenden Katzen nicht rankommen.

PORTICELLO In Porticello, wörtlich „kleiner Hafen" und heute ebenfalls ein Ortsteil von Santa Flavia, wo – nach Mazara del Vallo – die zweitgrößte Fischereiflotte der Insel liegt, ist an der Uferfront eine Kirmes aufgebaut. Schwarze Boat People, die über Lampedusa geflohen sind, haben hässliche Teppiche ausgelegt, die sie zum Kauf anbieten. An den Marktbuden kostet alles einen Euro; Karussell, Autoscooter, Schiffschaukel. Die Parkplätze sind überfüllt, die nachrückenden Fahrzeuge stauen sich, aus ihren Fenstern fliegt der Abfall den Spaziergängern auf der Promenade vor die Füße.

Neben einer Imbissbude, wo die typischen Guastedde (Lungen- und Milzbrötchen) und Trippa (Kutteln) auf dem Holzkohlegrill brutzeln, stehen Campingtische mit Plastikstühlen, an denen sich die Gäste wie im Restaurant fühlen können: In der zweiten Reihe über dem großen, halbleeren Platz leuchtet ein „Ristorante Albergo" mit vier – sich selbst verliehenen? – Sternen. Der Ausflug an den Strand ist abends ein Kirmesvergnügen.

SANT'ELIA Sant'Elia hat gute Voraussetzungen für einen attraktiven Ferienort abseits des Pauschaltourismus. Doch der Strand ist verdreckt. Plastiksäcke, Dosen und Scherben liegen im Sand, leere Chipstüten knistern zwischen dem Ginster auf den Felsen. Die Einheimischen scheint das nicht groß zu stören; sie breiten ihre Handtücher aus und knallen sich in die Sonne. Die Kinder tragen Badeschuhe, die Jugendlichen klettern in die Felsen, wo der Abfall nicht so leicht hinkommt. Keiner scheint zuständig, keiner unternimmt etwas dagegen. Viele vermieten im Sommer ihre Wohnungen und ziehen in die Garage; ein Bed & Breakfast hat aufgemacht. Das einzige Hotel, ein vierstöckiger, auf die Klippen gesetzter Kasten aus den Siebzigerjahren namens Kafara, hat schon bessere Zeiten gesehen.

BAGHERIA Bagheria entstand Anfang des 18. Jahrhunderts als Ort der Sommerfrische des palermitanischen Adels und war bis ins späte 19. Jahrhundert Villenvorort der Hauptstadt. Die Orangenbäume am Corso Butera, der vom Bahnhof ins Zentrum hinaufführt, tragen Früchte; auf dem Gehsteig trocknet die Hundescheiße. Zehn, zwölf chinesische Läden, die – wie überall in Italien – mit roten Lampions überm Eingang Flagge zeigen, haben sich angesiedelt. Der Textilhandel ist, zumindest im Billigsegment, fest in asiatischer Hand. Oben in der Fußgängerzone des fast eleganten Corso Umberto I sind es erst zwei.

Dacia Maraini versucht sich in ihrem Buch *Bagheria – Eine Kindheit auf Sizilien* vorzustellen, wie der Ort „vor der baulichen Verschandelung der Fünfzigerjahre ausgesehen hat, bevor seine Schönheit systematisch zerstört wurde", und schreibt, dass er doch „immer die Atmosphäre eines ‚Sommergartens' bewahrt [hat], umgeben von Zitronenbäumen und Olivenhainen, hoch auf den Hügeln gelegen und von den salzigen Winden umweht, die vom Kap Zafferano herüberwehen". Auch davon ist nicht mehr viel zu spüren. Oben am Rande der Piazza Dante verkaufen Händler aus dem Schrägheck eines Fiat Punto Knoblauchzöpfe, unten neben dem Bahnübergang Kirschen, „dure e dolci" – fest und süß. Während die jungen Frauen vor der geschlossenen Schranke warten, schlüpfen die jungen Männer unten durch.

Auf die Frage nach einem Internetcafé muss der ältere Herr im Punto turistico passen. Dabei ist er sichtlich erfreut, endlich mal seine bunten Prospekte loswerden zu können; einen nach dem anderen rückt er heraus. Dann hängt er sich ans Telefon. Ohne Erfolg. Zwei Minuten später erhält er einen Rückruf und nennt die Adresse: „Gioda, Corso Butera 326."

Außerhalb der Stadt, in der Nähe des Kaps Zafferano, wird eine Herleitung des Namens spürbar: Von *bab el gherib*, arabisch für „Windtor", soll „Bagheria" kommen; oder von dem phönizischen Wort *bayaria*, was „Rückkehr" bedeutet. „Die Etymologie", so Dacia Maraini, „ist bisweilen ein großes Geheimnis." Auf dem fußballfeldgroßen Areal vor dem Ristorante Can Caus steht ein Mann aus dem Maghreb und winkt das Auto, obwohl alles frei ist, ein. Seinen Arbeitsplatz hat er (sich) selbst erfunden und, zumindest unter der Woche, keine Aussicht auf einen Mindestlohn. Die Araber haben Zitrone und Orange, Palme, Reis und Zuckerrohr, Bambus und Seidenraupe nach Sizilien gebracht, Bewässerungsanlagen errichtet und eine effiziente Verwaltung aufgebaut. Keine einzige ihrer mehr als hundert Moscheen ist erhalten, doch in Ortsnamen, Speisekarten, auch Physiognomien sind sie präsent. Ihre Migranten sind die *terroni* des Südens.

Einer der aristokratischen Paläste, die 1736 erbaute Villa Cattolica, etwas abseits des Zentrums gelegen, ist in ein Museum für den bedeutendsten sizilianischen Maler des 20. Jahrhunderts umgewandelt worden. Schon 1973, noch zu seinen Lebzeiten, wurde es Renato Guttuso (1912 bis 1987) gewidmet, der in Bagheria geboren ist und hier auch begraben liegt. Sein berühmtes Gemälde *Vucciria* (1974) ist in Palermo im Palazzo Chiaramonte, genannt Palazzo Steri, heute das Rektorat der Universität, ausgestellt, unweit des Marktes, den es in Szene setzt; ein anderes, *Caffè Greco* (1976), hängt im Kölner Museum Ludwig. Sein Œuvre bildet den Kern der umfangreichen Sammlung. Drei Stockwerke sind vollgepackt mit Gemälden des 19. und vor allem 20. Jahrhunderts; auch mit Design, Fotografie, Künstlerbüchern, Filmplakaten, Videos.

BAGHERIA Das Umfeld des Bahnhofs von Bagheria ist verwahrlost; aufgegebene Werkhallen und Lager, zerfallende Häuser und Buden, Kritzeleien auf den Wänden. Abfall, der sich an belebten Ecken türmt. Müll, überall Müll. In und außerhalb der Stadt stinkt er als Bordsteinmoräne die Straßen entlang. Über Nacht wachsen die Abfallberge weiter an, die Container quellen über; auch außerhalb der Orte, auf der kurvenreichen Küstenstraße von Aspra nach Porticello mit dem Panoramablick auf den Golf. Nach ein paar Tagen ist er plötzlich abgeräumt, spurlos verschwunden, und taucht an anderer Stelle wieder auf. – Der Müll als Krake.

Der Bahnhof aber ist picobello gepflegt, saubere Toiletten, Körbe mit Mülltrennung. Der mit Travertin verkleidete *sottopassaggio*, die Unterführung zu den Bahnsteigen 2 und 3, wirkt wie geleckt, die Graffiti sind abgeschrubbt – nur ganz blass ist die Schrift noch zu erkennen. Aber für die meisten Fahrgäste, die den Nahverkehrszug nach Palermo nehmen, ist das ein Umweg: „Überqueren der Gleise verboten" – die junge Mutter mit dem Kinderwagen schert sich so wenig darum wie der Schaffner, der herüberkommt, um die bereits entwerteten Tickets noch einmal zu kontrollieren. Wie ein smarter Bankangestellter sieht er aus. Die Spitze seiner roten Krawatte ziert das Emblem „FS": Ferrovie dello Stato.

PALERMO „‚Bei allen Heiligen! Sagt mir‘, rief ich aus, ‚woher kommt die Unreinlichkeit eurer Stadt, und ist derselben denn nicht abzuhelfen? Diese Straße wetteifert an Länge und Schönheit mit dem Corso zu Rom. An beiden Seiten Schrittsteine, die jeder Laden- und Werkstattbesitzer mit unablässigem Kehren reinlich hält, indem er alles in die Mitte hinunterschiebt, welche dadurch nur immer unreinlicher wird und euch mit jedem Windshauch den Unrat zurücksendet, den ihr der Hauptstraße zugewiesen habt. In Neapel tragen geschäftige Esel jeden Tag das Kehricht nach Gärten und Feldern, sollte denn bei euch nicht irgendeine ähnliche Einrichtung entstehen oder getroffen werden?‘", fragt Johann Wolfgang von Goethe – „Palermo, Donnerstag, den 5. April 1787" – in der *Italienischen Reise*.

Die Antwort, die der Dichter notiert, wird noch heute gegeben: „‚Es ist nun einmal, wie es ist‘, versetzte der Mann; ‚was wir aus dem Hause werfen, verfault gleich vor der Türe übereinander. Ihr seht hier Schichten von Stroh und Rohr, von Küchenabgängen und allerlei Unrat, das trocknet zusammen auf und kehrt als Staub zu uns zurück. Gegen den wehren wir uns den ganzen Tag. Aber seht, unsere schönen, geschäftigen, niedlichen Besen vermehren, zuletzt abgestumpft, nur den Unrat vor unsern Häusern.‘"

Womit Goethe sich freilich nicht zufrieden gibt: „Auf meine wiederholte Frage, ob dagegen keine Anstalt zu treffen sei", bekommt er etwas zu hören, das als humoristische Version der heute herrschenden administrativen Schlamperei und Veruntreuung durchgehen mag. So „erwiderte er, die Rede gehe im Volke, dass gerade die, welche für Reinlichkeit zu sorgen hätten, wegen ihres großen Einflusses nicht genötigt werden könnten, die Gelder pflichtgemäß zu verwenden, und dabei sei noch der wunderliche Umstand, dass man fürchte, nach weggeschafftem misthaftem Geströhde werde erst deutlich zum Vorschein kommen, wie schlecht das Pflaster darunter beschaffen sei, wodurch denn abermals die unredliche Verwaltung einer andern Kasse zutage kommen würde. Das alles aber sei, setzte er mit possierlichem Ausdruck hinzu, nur Auslegung von Übelgesinnten, er aber von der Meinung derjenigen, welche behaupten, der Adel erhalte seinen Karossen diese weiche Unterlage, damit sie des Abends ihre herkömmliche Lustfahrt auf elastischem Boden bequem vollbringen könnten. Und da der Mann einmal im Zuge war, bescherzte er noch mehrere Polizeimissbräuche, mir zu tröstlichem Beweis, dass der Mensch noch immer Humor genug hat, sich über das Unabwendbare lustig zu machen."

Abfall und Dreck an der Straße, liebevoll gepflegte Gärten dahinter: Nur wenn die Azaleen und der Oleander so weit über den Zaun wuchern, dass sie den Unrat streifen, berühren sich beide Welten. Der Kontrast zwischen öffentlichen und privaten Bereichen scheint noch größer als anderswo in Italien, der Gemeinsinn weniger ausgeprägt.

PALERMO Palermo wirkt aufgeräumter als vor vier Jahren; nicht so schmutzig, laut und chaotisch; weniger Verkehr, fast keine Bettler. Seit April 2012 ist Leoluca Orlando wieder Bürgermeister! Die Vucciria, das berühmte Marktviertel zwischen Via Roma und Altem Hafen – ein Quartier mit einem Dutzend Kirchen – ist nur noch ein Schatten ihrer großen Vergangenheit. Giacomo Cimino, geboren 1952, ist hier aufgewachsen: Auf der Via Maccherronai, gegenüber der Kirche San Domenico, hatten seine Eltern ihre Bäckerei. In seinem Buch *C'era una volta Vucciria* ruft er dem Quartier seine märchenüberglänzten Kindheitserinnerungen nach und beschreibt dessen Niedergang und die Vernachlässigung durch die Behörden nicht ohne Wehmut und persönliche Trauer als einen Verlust von kulturellen Eigenheiten und urbaner Lebensqualität.

Nur die Via Pannieri, die Piazza Caracciolo und die Via Maccherronai, die unterhalb der Via Roma den Corso Vittorio Emanuele mit der Piazza San Domenico verbinden, vermitteln noch, warum die Vucciria „der Bauch von Palermo" genannt wird. Denn auch hier gewinnen die fliegenden Händler, die Sonnenbrillen, gefälschte Markenuhren und Fußballtrikots vertikken, an Boden. Auf der Piazza Caracciolo überbieten sich zwei Fischgeschäfte mit Meeresfrüchten, die aufgetürmten Obst- und Gemüsestände quellen schier über, die Imbissbuden fahren alle Köstlichkeiten der sizilianischen Küche auf. Die berühmte Trattoria Shanghai im ersten Stock über dem Platz, jahrzehntelang ein Treff von Künstlern und Intellektuellen, wo Alain Delon und Jean-Paul Sartre einkehrten, ist verwaist. Von ihrem Balkon aus hat Joachim Fest in *Im Gegenlicht* das „pittoreske Getümmel" beobachtet. „Wegen Baufälligkeit geschlossen", sagt der Marktschreier, der davor seine Waren auftürmt, „aber wenn Sie gut essen wollen, dann gleich daneben, bei Pirtusiddu."

Das Caffè Mazzara in der Via generale Magliocco, wo an einem der hinteren Tische Giuseppe Tomasi di Lampedusa große Teile des *Gattopardo* zu Papier brachte, bietet einen preiswerten Mittagstisch für die Geschäftsleute der Umgebung an, doch der Kellner möchte von der literarischen Vergangenheit nichts wissen. Oder ist er es nur leid, darauf angesprochen zu werden? Jedenfalls tut er so, als hätte er nie etwas davon gehört. Die Buchhandlung Flaccovio auf der Via Ruggero Settimo, die der Autor des *Gattopardo* fast täglich aufsuchte, steht leer; erst vor zwei Monaten musste sie aufgeben. Ums Eck konkurrieren die Filialen von Mondadori und Feltrinelli – gut sortierte Buchkaufhäuser beide. Deutsche Literatur ist unter den ausgelegten Titeln nicht vertreten – außer Karen Duves *Anständig essen*! Auf Thementischen liegen Bücher über die Bombenangriffe auf Palermo vor siebzig Jahren, im April 1943, die weite Teile der Altstadt – darunter auch der Palast der Familie Tomasi di Lampedusa – zerstörten, sowie über die „Operation Husky", mit der die Alliierten die Landung auf Sizilien am 10. Juli 1943 vorbereiteten; eine Serie in der Zeitung erinnert daran, dass die US Navy vom 11. bis 13. Juni 1943 zunächst Pantelleria, Lampedusa und Linosa befreite.

Auch der Palazzo Lampedusa, in der gleichnamigen Gasse nördlich der Via Roma und hinter der Piazza Olivella gelegen, wurde damals getroffen und liegt noch immer so in Trümmern, wie Joachim Fest es in *Im Gegenlicht* beschreibt: „Das Gebäude ist brandgeschwärzt, die Fenster mit den klassizistischen Gesimsen sind zugemauert, das Haupttor noch durch die alte, morsch gewordene Bohlentür verschlossen." Nur die Bäume und Sträucher in der Ruine sind weitergewachsen.

BAGHERIA In das große, etwas trübe Restaurant in der Nähe des Bahnhofs waren wir vor vier Jahren mangels Alternativen geraten. Der Juniorchef, ein Bär von einem Kerl, will gleich wissen, woher wir kommen. „Colonia"? Dass eine Stadt in Deutschland so heißen soll, scheint ihn zu wundern. Dann serviert er, ohne dass wir etwas bestellt hätten, die ersten zwei von acht Vorspeisen. Auf einem der freien Tische hat er seinen Apple aufgeklappt und schaut nach: Das sei ja in der Nähe von Düsseldorf, sagt er, da arbeite ein Freund von ihm, dem gefalle es dort. Der habe ihm einen Posten als Küchenchef vermitteln wollen, doch als er seiner kleinen Tochter gesagt habe: „Papa geht vielleicht nach Deutschland", habe die angefangen zu weinen. So sei er hiergeblieben.

Ja, doch, er sei auch schon mal in Deutschland gewesen, als Kind mit dem Vater. Der habe damals in Stuttgart einen Porsche kaufen wollen, in Baden-Baden Station gemacht und in der Spielbank das Geld für den Porsche verzockt. – „Aber, das ist nicht Ihr Ernst?" – Doch sagt er, so sei es gewesen, und als wir ihn ungläubig anschauen, spreizt er die Hände zu einer sprechenden Geste: „Da kann man nichts machen." In Sizilien ist Porsche ein Mythos: Zwischen 1955 und 1973 hat die Marke elf Mal die Targa Florio gewonnen. Auf die Frage, wie er denn mit nur sechs Gästen am Abend über die Runden komme, antwortet er ein einziges Wort: „Crisi". Vor einem Jahr seien an einem Donnerstag zehn Leute, vor zwei Jahren dreißig, vor drei Jahren fünfzig gekommen, und vor vier Jahren sei das Restaurant jeden Abend voll gewesen.

Als wir um die Rechnung bitten, ruft er den Papa, der die Kasse verwaltet, ein schwerer, müder, in sich versunkener Mann Ende sechzig, der lange schweigt und dann freundlich fragt, ob es uns geschmeckt habe. In seinem düsteren Blick flackert ein Rest Trauer über den verspielten Porsche.

BAGHERIA Thomas Grüßner, der in Aspra, dem Hafen von Bagheria, eine Sprachschule betreibt und Ferienquartiere vermittelt, sieht die Mafia, die längst Krawatte und weißen

Kragen trägt und sich in ganz Europa ausgebreitet hat, in Sizilien auf dem Rückzug. Von den fünfzig meistgesuchten Mafiosi in Italien seien 49 im Gefängnis; nur der neue Boss, Matteo Messina Denaro, sei noch auf freiem Fuß. „Wahrscheinlich ist er längst übergelaufen und hilft der Polizei beim Trockenlegen des Sumpfes", witzelt Grüßner. Schon gebe es Leute, die die Mafia vermissen: Händler auf dem Markt etwa, für die sie alles geregelt habe – den Gang zum Finanzamt, den Antrag für den Stellplatz, die Standgebühr, das Zeugnis des Gesundheitsamts –, und die jetzt Angst hätten vor unangekündigten Kontrollen. Das Müllproblem habe, so Grüßner, nur zum Teil mit der Mafia zu tun. Die Kommunen ließen sich von den Firmen, die sie mit der Beseitigung des Mülls beauftragt hätten, hinhalten und erpressen. Die weigerten sich dann, den Müll zum vereinbarten Preis zu entsorgen, und die Bürger hätten das Problem vor der Tür.

„Als ich Mitte der Achtzigerjahre hierherkam, hat mein zukünftiger Schwiegervater, der in Bagheria Stadtdirektor war, wenn er abends das Lokalfernsehen anschaltete, immer den gleichen Spruch gesagt: ‚Mal sehen, wen sie heute umgelegt haben'", erzählt Grüßner. „Damals gab es in Sizilien zwei- bis dreihundert Mafiamorde im Jahr, heute sind es noch drei oder vier. 2012 war das einzige Kapitalverbrechen in Palermo ein Eifersuchtsmord – das wurde als Indiz für Normalität gefeiert. In der Kriminalstatistik belegt die Stadt einen der hintersten Plätze."

Seinen Gästen drückt Thomas Grüßner den Stadtplan von Palermo in die Hand, den die Antimafia-Initiative Addiopizzo (Tschüss, Schutzgeld) herausgibt. Auf der Rückseite sind die Lokale und Geschäfte, auch Handwerker und Agenturen verzeichnet, die sich weigern, Schutzgeld zu bezahlen, und sich offen dazu bekennen. Auch die Deutsche Botschaft in Rom hat die Publikation unterstützt. Die Touristen sollen ihr Kaufverhalten danach ausrichten. „Pago chi non paga" lautet das Motto: Ich bezahle bei dem, der nicht bezahlt.

CORLEONE Auch in Corleone gibt es Benetton, Geox und Sky. Die berüchtigte Mafiahochburg im hügeligen Hinterland von Palermo sieht nicht aus, wie man sich den Ort mit der (einst) größten kriminellen Energie des Landes vorstellt: Kein düsteres Bergnest, sondern ein adrettes Städtchen mit einer Piazza und einem kleinen Park in der Mitte – deutlich gepflegter als Bagheria. Die Touristeninformation scheint geschlossen, doch nein, die Tür ist nur angelehnt. Zwei junge Damen sitzen im Schatten und empfehlen eine persönliche Führung für zehn Euro. Der nächste Termin sei am späten Nachmittag. Auf einer fotokopierten Seite aus dem Stadtplan markieren sie das Museum und die Dokumentationsstelle Antimafia gleich hinter der Chiesa Madre di San Martino; die Öffnungszeiten seien unregelmäßig und nur für wenige Stunden, es fehle an Personal.

Vor einer Bar sitzen Senioren aus den Vereinigten Staaten, nukkeln Dosenbier und lassen sich von Don Vito erzählen. Hinterm Tresen hängen Fotos aus dem *Paten* mit Marlon Brando. Hollywood hat aus den Mafiamördern Helden gemacht. Heroisierung als Entlastung – auch eine Möglichkeit, die Verbrechen zu verarbeiten. Im öffentlichen Raum finden sich große Wandgemälde, die Bauern bei der Feldarbeit zeigen – Corleone möchte ein Ort wie viele andere sein.

Etwas oberhalb der Stadt passieren wir eine Nebenstraße, die in die Hügel führt: Via 11 Aprile 2006 heißt sie – nach dem Tag, an dem hier Bernardo Provenzano, der Boss der Bosse, nach 43 Jahren auf der Flucht geschnappt wurde. Von einem Schuppen aus hatte er mit einem anachronistischen System aus kleinen Zetteln, die er an seine von der Familie abgeholten

Wäschebeutel heftete, seine Mitarbeiter befehligt, Morde in Auftrag gegeben, Claims abgesteckt, Millionen verschoben.

COMITINI Wir besuchen Pino Poggi, Vorreiter der sozialen Kunst, der 1965 das Manifest *Arte Utile* verfasst hat, seit den Siebzigerjahren in Deutschland lebt und in der Nähe von Comitini ein Rustico erworben und ausgebaut hat. Nach dem Tod seiner Frau im Jahr 2001 hat er sich hierher zurückgezogen. Sein Atelier in der Nähe von Regensburg hat er behalten, doch von November bis Juni lebt er auf Sizilien: „Hier ist der Garten mein größtes Kunstwerk", sagt er – und so bebaut und entwikkelt er ihn auch mit Pflanzen, die zu Skulpturen werden, und stellt Skulpturen hinein, die wie Pflanzen aussehen. Der Hang seines Grundstücks eröffnet eine grandiose Aussicht auf Agrigent, das ockergelb in der Abendsonne glänzt. Pindar rühmte das griechische Akragas als „schönste aller sterblichen Städte".

COMITINI Bis in die Achtzigerjahre des vorigen Jahrhunderts wurde nördlich von Agrigent Schwefel abgebaut – in Comitini und Racalmuto, Grotte und Aragona. Schon Giovanni Verga und Guy de Maupassant haben darüber geschrieben. Die Familie der Mutter von Luigi Pirandello war an einem Bergwerk bei Aragona beteiligt. In seiner Novelle *Ciàula scopre la luna* (Ciàula entdeckt den Mond), 1912 im *Corriere della Sera* erschienen und wohl noch nicht ins Deutsche übersetzt, ist es Schauplatz einer lebensfeindlichen Existenz. Wer die Fron in den schlecht gesicherten Bergwerken überlebte, hat mit seiner Gesundheit bezahlt. Auch viele Jugendliche und Kinder waren darunter. Der Schriftsteller und Kulturfunktionär Alfred Kurella (1895 bis 1975),

der an der Marxistischen Arbeiterschule (MASCH) unterrichtete und 1931 eine Studienreise nach Italien unternahm, hat „die
Kinderhölle der Schwefelgruben" besucht: „Wortlos schreiten
wir den langen Tunnel zum Ausgang zu. Jetzt leuchtet, ein kleiner Punkt, das Tageslicht vor uns auf. Mein Begleiter wendet
sich zu mir. Auf das Licht deutend sagte er: ‚E quindi uscimmo a
rivedere le stelle.' Es sind die Worte, die Dante bei seinem Aus-
tritt aus der Hölle spricht: ‚Dann traten wir hinaus und sah'n die
Sterne.' Wir kamen aus der Hölle! Was hat der Faschismus mit
dieser Hölle zu tun? Nun, ihn trifft die Schuld, dass sich nichts in
ihr verändert hat, dass die Arbeit heute noch so betrieben wird
wie vor Hunderten von Jahren. Und ihn trifft die Schuld, dass
die Kinder wieder zu Tausenden in diese Hölle eingezogen sind",
schreibt Kurella, der 1954 in die DDR ging und von 1955 bis
1957 erster Direktor des Instituts für Literatur in Leipzig war, in
Mussolini ohne Maske (1931): „Wenn der Faschismus nichts anderes auf dem Gewissen hätte, als die Zustände, die heute wieder in den Schwefelgruben Siziliens herrschen, so würde das
genügen, ihn vor dem Urteil der ganzen zivilisierten Menschheit
zu richten." Eine gewerkschaftliche Organisation der Arbeiter hat
es hier ebenso wenig gegeben wie eine ärztliche Versorgung;
erst spät hat der italienische Staat die Opfer entschädigt.
In dem hergerichteten Palazzo des Ortes dokumentiert eine
Ausstellung die Geschichte des Schwefels, der auch „l'oro del
diavolo" – „Gold des Teufels" – genannt wird. Von den 730 Schwe-
felminen, die es 1900 auf Sizilien gab, waren 1965 noch 180
in Betrieb; die letzten dreizehn wurden erst 1983 geschlossen.
Die Grubenarbeiter hätten eine ganz andere Mentalität gehabt
als die Bauern und in dem Bewusstsein, dass jede Fahrt in den
Berg die letzte sein könnte, keine Vorsorge getroffen, sondern
ihr Geld immer gleich ausgegeben, berichtet die Kuratorin des
kleinen Museums. Die meisten Einwohner aber seien ausgewandert und anderswo oft im Bergbau untergekommen – so

auch ihre Cousins, die im belgischen Kohlerevier Arbeit fanden: „Anfang des 20. Jahrhunderts hatte Comitini noch mehr als dreitausend Einwohner, heute sind wir weniger als tausend." Im Erdgeschoss des Palazzo überrascht eine gut ausgestattete Gemeindebibliothek. Nicht alle EU-Subventionen versickern oder landen in den Händen der Mafia.

Im Restaurant U Cavallaggeri an der Piazza, das seit wenigen Wochen einen neuen Besitzer hat, wird erzählt, dass der Vorgänger – ein Apotheker, dem auch drei Geschäfte und ein Hotel gehörten – im vergangenen Herbst verhaftet worden sei, nachdem er jahrelang Rezepte von Verstorbenen abgerechnet hätte. Pino Poggi, mit dem wir hier essen, berichtet von seinem Nachbarn, einem Familienvater mit vier Kindern, der vor zwölf Jahren von einem jungen Mafioso, der zum lokalen Boss der Cosa Nostra aufsteigen wollte, mit Schutzgeldforderungen konfrontiert und erschossen wurde. Seitdem sei das Haus unbewohnt.

RACALMUTO Der bekannteste Sohn der Stadt steht lebensgroß, zwischen den Fingern die obligate Zigarette, als Bronzefigur auf dem Gehsteig der Via Garibaldi: Leonardo Sciascia (1921 bis 1989). Den Circolo Unione, ein 1835 gegründeter Intellektuellen-Treff, wo der Schriftsteller in jungen Jahren Billard gespielt und debattiert hat, gibt es bis heute – inzwischen über der Filiale der Banca di Sicilia, die den Erinnerungsort finanziert. Das ehemalige Elektrizitätswerk von Racalmuto, etwas außerhalb des Zentrums, wurde schon zu Sciascias Lebzeiten zum Sitz der Stiftung bestimmt, die den Nachlass betreut, doch erst 2003 eingeweiht. Das hoch aufragende, mit einem Eckturm versehene weiße Gebäude beherbergt einen großen Konferenzsaal, der über zwei Stockwerke reicht, und in dem niedrigen, sehr elegant mit LC-Sofas und -Sesseln ausgestatteten Raum unterm Dach die ständige Ausstellung *La Sicilia, il suo cuore* (Das Herz von Sizilien): Eine Foto-Hommage zeigt Sciascia als jungen Mann und als anerkannten Schriftsteller, neben Renato Guttuso und Alberto Moravia, in Palermo oder Rom, dazu Manuskripte, Buchtitel im Original und in Übersetzungen, Plakate. Die Bibliothek der Stiftung wurde erst kürzlich in der eigens dafür hergerichteten Verwaltung des Elektrizitätswerks untergebracht und befindet sich, mit Arbeitsplätzen und digitalisiertem Bestand, auf dem neuesten Stand. Die beiden Jugendlichen, die die Schlüssel bringen und auf die wir warten müssen, bis sie aus der Kirche kommen, sind Großneffen des Schriftstellers. Der ältere heißt wie er: Leonardo Sciascia. Und wie lebt es sich mit dem großen Namen? „È pesante", sagt er mit einem Lächeln, in dem sich Stolz und Verlegenheit mischen.

Am unscheinbaren Geburtshaus erinnert kein Schild an den Autor, doch ist die Straße nach ihm benannt. Auch in dem kleinen, 240 Plätze bietenden Rangtheater, dem architektonischen Juwel des Städtchens, ist er präsent. Erst 2003, als Andrea Camilleri künstlerischer Direktor war, nach einer vorbildlichen Restaurierung wiedereröffnet, hat das Theater den Gastspielbetrieb im April 2011 eingestellt. Sicherheitsbedenken sollen der Grund dafür gewesen sein. Der ehemalige Bürgermeister, der kürzlich wegen Korruptionsverdacht abgesetzt wurde (Racalmuto steht seitdem unter Zwangsverwaltung), hatte es so angeordnet. Sogar eine Fortsetzung von Sciascias *Der Tag der Eule* habe er zu schreiben versucht, mokiert sich die Dame, die uns durch das barocke Kleinod führt. „Sciascias vielleicht berühmtester Roman spielt hier und in den angrenzenden Straßen."

MODICA In ihrem Sizilien-Teil berichtet *La Repubblica* von einem Rekord an Insolvenzen: In vier Monaten hätten auf der Insel

1588 Unternehmen aufgegeben – Bekleidungsgeschäfte, Autohändler, Restaurants, Metzger, Obst- und Gemüsehändler. Nie zuvor sei die Zahl so hoch gewesen.

Zwei Seiten weiter steht eine Anzeige des Confcommercio Sicilia, dem Unternehmerverband von Sizilien, in dem sich etwa fünfhundert Geschäftsleute namentlich verpflichten, den von Pietro Grasso noch in seiner Zeit als Chef der nationalen Anti-Mafia-Behörde aufgestellten Ehrenkodex einzuhalten und allen illegalen Geschäften entgegenzutreten.

In seiner angefressenen, bröckelnden Pracht entfaltet Modica, an der Gabelung zweier Schluchten gelegen, eine morbide Schönheit. „Welcome to Paradise" steht in riesigen weißen Buchstaben à la Hollywood und weithin sichtbar oben auf einer Felswand. Ein älterer Herr im roten Hemd hält uns an, zeigt auf den Uhrturm der Kirche San Giorgio in der Oberstadt, der nach dem Erdbeben von 1693, „das hier alles zerstört hat", so auf den Felsen gebaut wurde, dass er förmlich aus ihm herauszuwachsen scheint, und besteht darauf, dass wir ihn fotografieren: „Das ist ein einzigartiges Motiv – ich bin ein *appassionato!*"

MODICA Giovanni, der Besitzer des Agriturismo etwas außerhalb der Stadt, erzählt, dass er lange im Norden, auf dem Flughafen von Verona, gearbeitet hat. Mit einem Kollegen aus Sardinien ist er einmal auf Kurzurlaub nach Österreich gefahren. Als die Hotelbesitzerin sie beim Essen gefragt hat, woher sie kämen, habe sie dem Sarden „Oh, wie schön!" zugerufen, doch bei ihm, dem Sizilianer, einen roten Kopf bekommen und sofort unterstellt, es mit einem Mafioso zu tun zu haben.

Auf die Mafia angesprochen, sagt Giovanni, dass sie in der Provinz Ragusa keine große Rolle spiele: „Wir sind eine Insel auf der Insel." Die Autobahn von Catania ist erst vor ein paar Jahren fertig geworden, vorher habe es hier nicht viel zu verdienen gegeben. Mit dem Tourismus gehe es aufwärts, seit Modica und die anderen Barockstädte im Val di Noto 2002 Weltkulturerbe der Unesco geworden sind. Das habe den Südosten Siziliens aus dem toten Winkel geholt. Auch die Fernsehserie mit dem Commissario Montalbano auf Rai 1, die auf den Krimis von Andrea Camilleri basiert, mache sich positiv bemerkbar. In den Buchhandlungen liegen Führer zu den Schauplätzen und Kochbücher mit seinen Rezepten aus.

Weiter westlich, in Gela mit seiner Raffinerie und Industrie, sei das anders; auch in Syrakus, wo er zehn Jahre gearbeitet hat: „Dort geht es jeden Tag um Schutzgeld. Erst fackeln sie dir das Auto ab, dann setzen sie dich persönlich unter Druck, am Ende zünden sie dir die Wohnung an." Zwei Ehepaare, die bei ihm Urlaub machten und bedroht wurden, seien mit Personenschutz angereist. „Das ist kein normales Leben mehr. Auch ein Arzt aus Palermo, der seit Jahren hierherkommt, hat mir erzählt, dass er bis heute auf ein Praxisschild verzichtet – aus Angst, dass ihm Schutzgeld abgepresst wird."

Aber insgesamt sei Sizilien dabei, sich zu verändern. Die Leute stöhnten inzwischen mehr über die hohen Steuern, die abschreckend schwerfällige, korrupte Bürokratie und die schlechte Zahlungsmoral. Ein örtlicher Geschäftsmann habe, nachdem er mehrere Jahre auf eine Baugenehmigung warten musste, aufgegeben und stattdessen auf Malta investiert. Und ein Freund von ihm würde seine kleine Druckerei in der Stadt schließen, weil er mit zwei Kindern nicht mehr über die Runden kommt, und nach Venezuela auswandern. – „Warum denn nach Venezuela?" – „Weil er da einen Freund hat." Klar, auch dort gebe es Probleme, aber der Job sei sicher.

Den Agriturismo hat er, so erzählt Giovanni, zusammen mit seinem Bruder vor vierzehn Jahren eröffnet, „und unsere Mamma kocht. Da hatten wir nur drei Zimmer. Heute haben wir dreißig Betten, einen Pool und einen Wellnessbereich." Auf Modica ist er stolz: „Wir sind die einzige größere Stadt in Italien, in der McDonalds aufgegeben hat." Nach anderthalb Jahren sei die Filiale geschlossen worden. „Die vielen kleinen Rosticcerie und Focaccerie haben einfach das bessere Angebot."

SYRAKUS An der Landstraße von Modica nach Syrakus glühen die kleinen Dörfer blitzblank in der Sommerhitze. Kein Abfall auf den Straßen, auch außerhalb der Orte nicht. Die aus weißen Steinen geschichteten Mauern zwischen den Feldern verstärken den reiseprospektreifen Eindruck noch, erst jenseits der Grenze zur Provinz Syrakus ändert sich das Bild etwas. Doch auch hier keine Müllhalden am Straßenrand – kein Vergleich mit Bagheria oder Santa Flavia. Um das „Baden verboten" am nicht sehr gepflegten Stadtstrand schert sich niemand. Es herrscht Hochbetrieb.

Der Besitzer des Agriturismo etwas außerhalb der Stadt weiß auch nicht, warum gleich neben seinem Grundstück eine Überführung errichtet wird. „Die Straße nach Floridia wollten sie erneuern, jetzt soll sie vierspurig werden, aber das ist völlig unnötig", sagt er. „Floridia hat touristisch nichts zu bieten und ist auch wirtschaftlich ohne Bedeutung. Da leben vor allem Rentner. Wichtiger wäre es, dass sie endlich die Autobahn nach Gela weiterbauen – die endet seit Jahren bei Rosolini. Zumindest bis Comiso müsste sie führen, da haben sie die amerikanische Air Base für den zivilen Luftverkehr geöffnet. Ryanair fliegt schon hin, von Roma-Ciampino aus, für 34,99 Euro. Das brauchen wir."

Der Wächter an der Zufahrt zum Strand Pineta del Gelsomineto, zwanzig Kilometer südlich der Stadt, hält den Fünfzig-Euro-Schein in die Spätnachmittagssonne und grummelt:

„Besser, man sieht sich den ganz genau an." Zehn Euro will er pro Auto für den Eintritt an die Badebucht zwischen den Felsen, wo der Strand täglich sauber gemacht wird, doch als wir auf die Uhr zeigen, geht er auf fünf Euro runter. Der Besitzer des Agriturismo, dem wir am Abend davon erzählen, findet das ganz unerträglich und gerät in Rage. „Wie – für das Meer bezahlen? Das geht gar nicht, das habe ich in meinem ganzen Leben nicht getan, und das werde ich auch niemals tun. Das Meer gehört allen." Zum Frühstück tischt er Maulbeer-Granita, in Olivenöl gebackenes Weißbrot, Käse mit Tomaten, Oregano und schwarze Oliven sowie selbstgemachte Orangenmarmelade auf. „Keine Butter, das ist sizilianisch", sagt er und mokiert sich über Bustouristen aus Osteuropa, die in Plastik verpackte Konfitüre vermissen und nach Kondensmilch fragen.

SYRAKUS In Syrakus, lange die mächtigste und prächtigste Metropolis der Antike mit dreimal so vielen Einwohnern wie Athen, stehen viele Häuser leer. Auch auf der Insel Ortygia, dem historischen Stadtkern, hängt an vielen Palästen „Vendesi". Der Freitagabend verwandelt Ortygia in eine einzige Partyzone, die Bars und Restaurants sind rappelvoll. Die schwarzafrikanischen Straßenhändler haben alles im Angebot, was raubkopiert wird: Handtaschen („Prada"), Uhren („Rolex") und CDs (Eros Ramazzotti). Schon Platon missfiel das Luxusleben in der Magna Graecia.

„Syrakus ist nie wieder in die Geschichte zurückgekehrt", schreibt Joachim Fest in *Im Gegenlicht.* Dass es von Cicero als „die schönste und größte aller griechischen Städte" gepriesen wurde, lässt sich heute nicht so ohne Weiteres nachvollziehen. Sein Ruhm ist, von Aischylos bis Johann Gottfried Seume, von Pindar bis August von Platen, literarisch; Friedrich Schiller hat ihn in der *Bürgschaft* im Schulbuch verewigt: „Zu Dionys, dem Tyrannen, schlich / Damon, den Dolch im Gewande …" Die Saison im griechischen Theater, das mit fünfzehntausend Plätzen das größte der Antike war, ist gerade abgelaufen: *Antigone* und *König Ödipus* von Sophokles sowie *Die Frauenvollversammlung* des Aristophanes standen auf dem Spielplan.

CASTELLANA SICULA Die SS 120 und die SS 121, die sich oberhalb der A 19, der Autobahn Catania–Palermo, durch die Nebroden und Madonien schlängeln, führen durch ein abgelegenes Sizilien – über kurvenreiche, oft schlechte, in der Hitze aufgeplatzte Straßen, vorbei an verschlafenen, an den Hügeln klebenden Kleinstädten und großen, scheinbar unberührten, zu Wasserreservoirs gestauten Seen wie dem Lago di Pozzillo. Felder zwischen kargen Felslandschaften, etwas tiefer Oliven- und Obstplantagen. Der Parco delle Madonie ist ein riesiges Naturschutzgebiet.

In Castellana Sicula, dem letzten Ort vor der Abfahrt hinunter ins Salsotal, hört uns die Besitzerin der kleinen Bar und Ende vierzig, Deutsch sprechen: „Ich bin in Nürnberg aufgewachsen und zur Schule gegangen, meine Eltern wollten nicht, dass ich Kontakt mit Deutschen habe, dann habe ich geheiratet und bin jetzt seit 22 Jahren hier, dabei bin ich doch aus der Nähe von Trapani, vom Meer", erzählt sie. Vor einem Monat erst habe sie die Bar um eine kleine Pizzeria erweitert, von Dienstag bis Donnerstag gibt es drei Pizze zum Preis von zwei: „Am Wochenende gehen die Italiener gerne essen, aber das Geschäft ist mühsam, das kann ich Ihnen sagen."

Hinter der Theke hängt ein Foto des Orts im Winter. Dächer und Felder sind mit Schnee bepackt, die beiden höchsten Gipfel, der Pizzo Carbonara und der Pizzo Antenna Grande, kratzen an der Zweitausend-Meter-Marke. „Ja, fast jeden Winter schneit es hier. Von Palermo aus sind wir der nächste Ort zum Skilaufen, und selbst aus Catania kommen die Leute, weil sie eine Alternative zu den Hängen des Ätnas suchen. Doch dann ging der Lift kaputt, und weil wir zwei Jahre keinen Schnee hatten, wurde er nie repariert. So ist alles eingeschlafen. Früher war hier richtig viel los im Winter. Sizilien ist ein so reiches, fruchtbares Land, aber die Sizilianer kriegen es einfach nicht gebacken. Traurig, richtig traurig ist das.“

BAGHERIA Aus einer Ecke der Bar auf dem Corso Butera spricht jemand Deutsch – getragen und mit fremdem Akzent; die italienische Übersetzung läuft hinterher. Sky überträgt die Pressekonferenz, auf der sich Pep Guardiola bei Bayern München vorstellt. „Interessiert das in Italien?“ – „Ja, klar“, sagt der Barbesitzer: „Für welchen Club bist du?“ – „Borussia!“ – „Schade! Ich für Juve“, sagt er und zeigt auf das schwarz-weiße Vereinswappen über der Espressomaschine. – „Warum nicht für US Palermo, du bist doch Sizilianer, und das ist der nächste Verein hier?“ – „Serie B“, sagt er nur, dabei hat Gennaro Gattuso, der neue, aus Kalabrien stammende Trainer, gerade bekannt, dass der Wiederaufstieg für die Rosaneri Pflicht sei und er vor lauter Stolz, dass ihm der Job in Palermo angeboten wurde, sogar bereit gewesen wäre, auf ein Gehalt zu verzichten.

„Wie viele der Geschäftsleute in Bagheria bezahlen wohl Schutzgeld?“ Die unvermittelte Frage überrascht den Barista, doch er versucht, sich nichts anmerken zu lassen. – „Die kleinen nicht, da gibts nichts zu holen“, wehrt er ab, „aber die großen fast alle.“ Die Cosa Nostra sei in der Defensive, die Erfolge der Polizei hätten ihr zugesetzt, aber mehr noch die Wirtschaftskrise. „Vor vier Jahren ist mein Laden hier besser gelaufen.“

PALERMO Abends durch die Kalsa – früher ein feines Viertel der Stadt, im Krieg schwer getroffen, danach ein Zentrum der Mafia wie auch des Widerstands gegen sie. Giovanni Falcone und Paolo Borsellino sind hier aufgewachsen und haben auf der Piazza della Magione Fußball gespielt. In den vergangenen Jahren hat sich viel getan; die Via della Vetriera, die man früher auch tagsüber besser meiden sollte, ist einladend und sauber, Wohnungen wurden luxussaniert, Lounges, Cocktailbars und Straßenrestaurants eröffnet. In einer Ecke steht das TGA, das Teatro Garibaldi Aperto, in dessen Neubau an der Stelle der kriegszerstörten Ruine die EU mehrere Millionen an Subventionen gepumpt hat. Als das Theater endlich wiederaufgebaut und saniert war, ließ es die Stadt sofort schließen, weil sie kein Geld für den Unterhalt hatte. Daraufhin haben es die Künstler besetzt. Der Betrieb läuft provisorisch, die Stadt stellt nur Strom und Wasser zur Verfügung.

Die Antica Focacceria San Francesco, die 1834 gegründet wurde und für ihre sizilianische Küche bekannt ist, wurde vor ein paar Jahren zum Ausgangspunkt der Addiopizzo-Bewegung. Ihr Besitzer Vincenzo Conticello rief öffentlich dazu auf, der Mafia die Stirn zu bieten und sich Schutzgelderpressungen zu verweigern. Längst ist das Jugendstillokal eine Touristenattraktion und fast jeden Abend überfüllt. Vor ein paar Jahren rollte alle fünfzehn Minuten ein Polizeiauto im Schritttempo über den Platz davor; seit Conticello sich zurückgezogen und 95 Prozent des Unternehmens an Feltrinelli verkauft hat, sind die Patrouillen seltener geworden.

In der Vucciria, auf der anderen Seite des Corso Vittorio Emanuele, ist es stockdunkel, selbst die Via Panneria und die Via Maccherronai, wo tagsüber reges Marktleben herrscht, sind finster. Auf der Piazza Garraffello hat sich seit Kriegsende fast nichts verändert; nur eines der Häuser ist bewohnt, ein anderes steht ohne Decke und mit offenen, tapezierten Wänden noch genau so da wie 1943, als es von amerikanischen Bombern getroffen wurde. Aus einem der Lokale auf der Piazza Caracciolo dröhnen The Doors.

Die Altstadtgassen zwischen Via Roma und Via Maqueda wirken aufgeräumter als vor vier Jahren. Ohne die Marktstände mit billigen Textilien und Ramschwaren, die hier tagsüber aufgebaut sind, treten die alten Paläste, von denen viele leer stehen oder – oft hängen Stromkabel über die Fassaden – nur im Erdgeschoss genutzt sind, deutlicher hervor. Dahinter übernehmen Kebab-Restaurants von arabischen Migranten, die hier die Pizzerien zu verdrängen beginnen, die Vorherrschaft. Das Archäologische Museum Salinas, ein reiches Schatzhaus mit schier endlosen Fluchten und Raumfolgen, beherbergt die nach dem Nationalmuseum in Neapel bedeutendste archäologische Sammlung Italiens. Viele Grabungsstätten mussten ihre besten Stücke hierhergeben. Seit mehreren Jahren ist das Museum wegen Renovierungsarbeiten geschlossen.

Das Teatro Massimo, mit 1300 Plätzen das drittgrößte Opernhaus Europas, dessen Sanierung sich über 26 Jahre hinzog und der Mafia, die sechzehn Millionen Euro der dafür bereitgestellten Mittel ergaunerte, die Taschen füllte, ehe es im Mai 1997 von den Berliner Symphonikern mit Claudio Abbado am Pult wiedereröffnet wurde, ist kitschig-bunt angestrahlt. Auch wer nie eine Aufführung besucht hat, von denen sich manche schon vor der Schließung im Repertoire befanden und Jahrzehnte auf dem Buckel haben, kennt das Theater aus dem Kino: Auf seiner Freitreppe hat Francis Ford Coppola die zweitletzte Szene des *Paten* gedreht, in der Don Michael Corleone, gespielt von Al Pacino, niedergestreckt wird.

Auch das Capo-Viertel zwischen Theater und Kathedrale hat sich gemacht. Wohnungen wurden modernisiert, Trattorien und Pizzerien eröffnet, Plätze neu gefasst und bepflanzt. Dann stehen wir plötzlich vor der normannischen Kathedrale, deren

Fassade hier, an ihrer Nordseite, am wenigsten spektakulär, doch am feinsten gearbeitet ist. Ihr gegenüber befindet sich das Liceo Classico – das altsprachliche und bis heute beste Gymnasium der Stadt. Der Corso Vittorio Emanuele, der an der Ostseite der Kathedrale entlangführt, ist gerade autofrei, die Porta Nuova wegen Bauarbeiten gesperrt. Nur ein Müllfahrzeug, das die Tonnen leert, dreht nachts um 23 Uhr seine Runde. Im nassen, frisch gewischten Asphalt spiegelt sich das Mondlicht.

PALERMO Im oberen Arkadengang des Teatro Politeama Garibaldi – dem zweiten, etwas kleineren klassizistischen Theater der Stadt – hängen Bettlaken mit Protestparolen: „Die Region lässt ihr Orchester sterben", heißt es auf einem; „Wir stehen für sechzig Jahre Musik, die Politik für zehn Jahre Schande" auf einem anderen; „Die Theater sterben, und Palermo will Kulturhauptstadt Europas werden?" auf einem dritten. Mitglieder des Orchesters haben sich vor dem Haus postiert und bieten kostenlose Führungen an. Der traditionsreiche Klangkörper soll weggespart werden. In der ganzen Welt habe das Orchestra Sinfonica Siciliana schon gespielt, berichtet einer der Ersten Geiger, „auch in Deutschland, sogar in China und Japan". Zweimal die Woche würden sie in der Saison, also von Oktober bis Mai, ein Konzert geben und im Juli und August eine Sommerspielzeit bestreiten. – „Und was sagt die Politik, was der kulturbeflissene Bürgermeister Orlando?" – Klar, alle seien für die Kultur, nur keiner bereit, das Orchester weiter zu bezahlen. Dabei sei es das einzige Konzertorchester in Sizilien; „das Teatro Massimo hat ein Opernorchester, wie es auch Catania und Messina unterhalten". Niemand wisse im Moment, wie es weitergeht. Heute abend und auch morgen würden sie auf dem Theatervorplatz spielen – „Mozart, Rossini, Mendelssohn".

Viel Hoffnung scheinen die Musiker nicht mehr zu haben, nachdem Florenz – „und das ist eine viel reichere Stadt" – gerade den „Maggio Musicale" weggespart hat. Das öffentliche Interesse könnte größer sein, aber einfach klein beigeben kommt nicht infrage. „Und was soll mit dem repräsentativen Haus, das 1200 Plätze hat, passieren?" – „Da werden dann Events veranstaltet."

„Wie es mit uns weitergeht, können Sie morgen in der Zeitung lesen", heißt es zum Abschied. Doch weder *Il Giornale di Sicilia* noch *La Repubblica* in ihrem Sizilien-Teil berichten darüber. Dort findet sich eine Reportage über Termini Imerese, vierzig Kilometer östlich von Palermo, wo Fiat Ende 2010 seine Fabrik geschlossen hat und ein Ladenbesitzer nach dem anderen aufgibt. Nur Geschäfte, auf denen „Kaufe Gold" steht, schössen wie Pilze aus dem Boden. Noch nie, so das Resümee, sei so vielen Menschen nichts anderes übrig geblieben, als den Schmuck ihrer Eltern oder Großeltern zu versetzen.

2014

KÖLN Der Mann, Ende dreißig, der – dunkel, untersetzt und leicht übergewichtig – aussieht wie ein Sizilianer, spricht kein Italienisch. „Yes, English!" Doch als ihm die Mitarbeiterin von Germanwings in Köln erklärt, dass er, weil wir mit einer kleinen Maschine fliegen, das größere Handgepäck vor dem Flugzeug abgeben müsse und auf dem Rollfeld in Palermo zurückbekäme, versteht er nichts. Seine Mutter, die mit dem Vater gegenüber sitzt, ist Italienerin – und erzählt gleich ihre Geschichte. Mit sechs Jahren sei sie aus Agrigent nach Argentinien ausgewandert, „nach Feuerland" – und heute kehre sie, mit Mann und Sohn, das erste Mal zurück: „Nach 64 Jahren!" Die Aufregung steht ihr ins Gesicht geschrieben. Sie musste das einfach loswerden. Ja, mit ihren Eltern habe sie noch Italienisch gesprochen, doch mit ihrem Mann nicht mehr. Ein wenig hat ihre Aussprache den metallisch harten Klang des Spanischen angenommen. „Doch warum fliegen Sie via Colonia?" – „Vorher haben wir meine Schwester besucht, die lebt in der Nähe von Düsseldorf."

Auf dem Flugzeug in der Reihe hinter uns eine sizilianische Familie, die in Deutschland lebt: Großmutter, Großvater, Mutter, zwei Kinder im Grundschulalter. Mit der Tochter spricht die Oma Italienisch, mit den Enkeln, Dario und Annachiara, nicht ganz fehlerfrei Deutsch.

PALERMO Nach der Landung hält es die sizilianische Argentinierin nicht am Gepäckband. Einem Mitarbeiter des Flughafens hat sie ihre Geschichte auch schon erzählt. „Sizilianerin und seit 64 Jahren nicht mehr in Sizilien gewesen, das gibts doch gar nicht", kommentiert er kopfschüttelnd, „ich bin mein ganzes Leben in Palermo geblieben." Dann fragt sie ihn, ob sie schon mal durch die automatische Schiebetür, auf deren Rückseite ein Einbahnstraßenschild klebt, schlüpfen und kiebitzen dürfe, ob die Verwandten da sind. – „Aber erlaubt ist das nicht, Signora, Sie können dann nicht mehr zurück!" – Schon ist sie durch die Schleuse, die für jeden Passanten neu aufgeht, „Villa Igiea Grand Hotel", „Mr. & Mrs. Krueger", „Trapani Transfer" rufen die Pappschilder – oder nur „Welcome to Sicilia".

Nein, die seien wohl noch nicht da, jammert sie und stellt sich in die Lichtschranke. „Vielleicht warten sie ja im Stockwerk drüber", tröstet sie der Mann vom Bodenpersonal. Doch auf einmal – sie fragt sich sichtlich: „Sind sie es? Sind sie es nicht?" – schreit sie: „Maria, bist du es?" und fliegt – kleiner Kugelblitz – der älteren Dame auf der anderen Seite der Halle in die Arme. Große Oper. Tränenüberströmt kehrt sie zu Mann und Sohn am Gepäckband zurück: „Sie sind es, sie sind es!" Das letzte Wiedersehen muss lange hergewesen sein.

BAGHERIA In der Stadt von Renato Guttuso und Giuseppe Tornatore sind die Straßen sauber. Kein Müll, nirgends. Entweder wurde er gerade abgefahren, oder die Zeiten haben sich geändert. „Dann schau mal bei uns in Aspra vorbei", sagt Thomas Grüßner, „da türmt er sich gerade mal wieder", und erzählt, dass vor zwei Tagen ein „Blitz" der Carabinieri die ganze Stadt nachts abgeriegelt habe: „Mit Hubschraubern und Suchscheinwerfern haben sie Jagd auf die Cosa Nostra gemacht und 31 Mafiosi festgenommen." Es sei erstaunlich, wie viele Händler immer noch Schutzgeld bezahlt hätten, meint er, man könne sich ja gar nicht vorstellen, was für ein Mafianest Bagheria sei. Jetzt aber sei Schluss damit – vierzig kleine Unternehmer hätten ihre Erpresser angezeigt: „In der Krise können sie sich kein Schutzgeld mehr leisten!" In die Stichwahl um das Bürgermeisteramt hätten es ein 32 Jahre alter Sozialdemokrat und ein 27-Jähriger von Beppe Grillos MoVimento 5 Stelle geschafft. Vor einem Jahr sei das noch ganz undenkbar gewesen.

BAGHERIA In der Trattoria Don Ciccio sitzt am Nachbartisch eine Familie ohne Kinder, ein älterer Herr mit seiner jüngeren Schwester und zwei Söhnen, Tochter und Schwiegertochter, zwischen Mitte vierzig und Anfang fünfzig. Nach dem Essen bringt der Kellner eine Geburtstagstorte, auf der mit Schokolade „76" geschrieben steht. Die Kinder gratulieren, stimmen ein Lied an. Ein „Auguri" zum Nachbartisch genügt, und schon wird uns Torte mit Walderdbeeren und Sahne serviert, danach Champagner. Auf einmal erhebt sich der Senior und spricht uns auf „La Merkel" an: „Die gefällt mir gar nicht!" – Auf die Frage, warum er keine gute Meinung von ihr habe, verzieht er das Gesicht, als hätte er in eine Zitrone gebissen; aber Hollande sei ja, die nächste saure Zitrone, genauso schlimm. – „Und Renzi?" – „Oh, der! Noch schlimmer!" – „Welchen Politiker schätzen Sie denn?" – „Eigentlich keinen! Wirklich keinen!" –„Und Papa Francesco?" Kurzes Schweigen, seine Züge hellen sich auf. „Doch, ja, der ist nah bei den Menschen, der ist meine Hoffnung. Anders als sein Vorgänger, dieser Deutsche …"

PALERMO Wir treffen Cosimo Scordato, Pfarrer der Kirche San Francesco Saverio im Albergheria-Viertel, zwischen Via Maqueda und dem Normannenpalast; eine harte Gegend, sichtbar heruntergekommen. Vorne auf dem Corso Tukory, Ecke Via Avolio, ist einen Tag vor dem Anpfiff der Fußball-WM ein Verkaufsstand für Fahnen aufgebaut, in der Mehrzahl die italienische Trikolore in allen Formaten, dazwischen ein paar in Rosa-Schwarz, den Farben der US Palermo, die gerade den Wiederaufstieg in die Serie A geschafft hat. Daneben lungern Männer in Sperrmüllsofas und -sesseln und hören laut Schlagermusik. Schräg gegenüber hängt ein ausrangierter alter Ford am Straßenrand, der, ausgepolstert mit Decken und Plumeaus, als Nachtasyl benutzt wird. Ein fliegender Händler bietet kümmerliche Maiskolben vom Grill an, junge Leute hocken in den Hauseingängen und auf dem Bordstein. Die Kirche, spätbarock und 1711 geweiht, sei zur Messe immer voll, sagt Padre Cosimo, ein kleiner Mann mit grauem Bürstenschnitt und randloser Brille, der, schlank und sachlich, eher wie ein Ingenieur wirkt und ganz gut Deutsch spricht. Stolz stellt er die Werke vor, die Künstler aus ganz Italien seiner Kirche gespendet haben. Wichtiger als die seelsorgerische sei die soziale Arbeit; es gebe viele Arbeitslose im Viertel, gerade unter den Jungen und, von der Mafia begünstigt, eine Schattenwirtschaft auf dem Markt, auch Drogenhandel. Mehrere Einrichtungen der Universität, darunter das Museum für Paläontologie, die Institute für Geologie und Psychologie, lägen im Viertel, doch hätten sie lange keine Notiz von ihrer Umgebung genommen. Seit ein paar Jahren werde versucht, Verbindungen zu den Einwohnern zu knüpfen, und 2006 sei eine stadtsoziologische Studie mit dem Titel *Al centro del margine*, im Zentrum des Randes, erschienen. Als eine Art Arbeitsbeschaffungsprogramm in Selbsthilfe habe die Gemeinde eine Trattoria und eine Bar angestoßen, die von jungen Leuten aus dem Viertel eröffnet und geführt werde. Eine Hausaufgabenhilfe für Kinder aus bedürftigen Familien habe sich sehr bewährt: „In diesem Sommer machen die Schüler des ersten Jahrgangs ihr Abitur."

CACCAMO Die steile, kurvenreiche Landstraße hinauf nach Caccamo lässt den Blick nicht nur in die Ferne schweifen: An und zwischen den letzten Kehren haben sich kleine Möbelmanufakturen angesiedelt, die sich mit ihren hell erleuchteten, elegant gestylten Showrooms gegenseitig übertreffen. Kaum zehn Kilometer von der Küste entfernt und schon auf mehr als fünfhundert Metern Höhe, ist Caccamo am Sonntagnachmittag ein gottverlassenes Nest – bis auf einmal die Glocken läuten und die Menschen aus der Kirche strömen.

CASTELBUONO Nur zwanzig Kilometer im Landesinneren, ist die Kleinstadt Castelbuono dem Massentourismus, für den ein Strand die erste Voraussetzung ist, entzogen. So bleibt sie von den Begleiterscheinungen wie überquellenden Abfallkörben, lauter Musik, den Sirenen der Polizeiautos und dem Dröhnen der Motorräder weitgehend verschont. Selbstbewusst besinnt sich der Ort darauf, seine Eigenheiten herauszustellen: Im Kastell ein Museum für Stadtgeschichte, eine belebte Piazza, denkmalgerechte Sanierungen, Spezialitäten aus der Region. Sauber, aufgeräumt, lebendig und erstaunlich intakt wirkt Castelbuono, das vor allem von der Landwirtschaft lebt, fast so pittoresk wie ein Städtchen in der Toskana. Doch auch hier füllen die Angebote für Häuser und Wohnungen mehrere Schaukästen von Maklern.

NEBRODEN „1039 Kilometer Küste – 440 am Tyrrhenischen Meer, 312 am Afrikanischen Meer, 287 am Ionischen Meer: doch diese große Mittelmeerinsel scheint in ihrer Art, in ihrem Leben ganz nach innen gewandt zu sein, angeklammert an Hochebenen und Berge, darauf bedacht, sich dem Meer zu entziehen und dieses hinter einen Vorhang von Anhöhen oder Mauern zu verbannen, um sich der möglichst vollständigen Illusion hingeben zu können, das Meer gebe es nicht (es sei denn bei den alljährlichen Ernten als eine zur Metapher abgesunkene Idee) und Sizilien sei keine Insel", schreibt Leonardo Sciascia in seinem *Bericht über die sizilianischen Küsten.*

„Das Meer", so der Schriftsteller weiter, „ist Siziliens immerwährende Unsicherheit, sein launisches Schicksal. Auch wenn es eigentlich ein Teil seiner Wirklichkeit, seines Lebens und täglichen Reichtums ist, wird es selten vom Volk besungen oder zum Sprichwort, zum Sinnbild erhoben, und die wenigen Male eher mit einem Unterton des Schreckens als des Staunens." Die Belege, die Sciascia anführt, sind schlagend: „Lu mari è amaru" (das Meer ist bitter) oder „Cui pò jiri pri terra, nun vaja pri mari" (wer über Land gehen kann, der fahre nicht übers Meer). Liegt abseits des Meeres, dem die Sizilianer alles Schlechte und Feindliche zuschreiben, was zu ihnen hereingetragen und ihnen aufoktroyiert wird, ein anderes, das eigentliche Sizilien?

Auf der SS 289, die von Sant'Agata di Militello an der Nordküste über die Portella Femmina Morta, den Pass der toten Frau, durch die Nebroden führt, beginnt die Einsamkeit gleich hinter dem Bergstädtchen San Fratello, keine fünfzehn Kilometer landeinwärts. Dichte Eichenwälder, selten ein Auto. Einmal kreuzt ein Pilzsammler mit einem Trüffelschwein an der Leine und einem Cinquecento im Schlepptau die Straße. Kein Zaun trennt die Weiden von der Fahrbahn, auf der plötzlich Kühe, dann Pferde stehen. Die Passhöhe, 1524 Meter, öffnet die Aussicht auf den Ätna. Schneereste glitzern in den Lavafalten; ausnahmsweise umhüllt kein Wolkenkranz den Gipfel. Pferdezucht scheint in Cesarò, wo die SS 289 auf die Panoramastraße SS 120 trifft, bis heute ein einträglicher Wirtschaftszweig. Ein wuchtiges Denkmal mit auf den Hinterbeinen stehenden Hengsten besetzt die Mitte eines Kreisverkehrs am Ortsrand.

RANDAZZO Die neuen Gäste des Agriturismo, der sich am Fuße des Ätnas in die Reben duckt, sind aus der Toskana – zwei Ehepaare, zwischen Mitte fünfzig und Mitte sechzig. Beim

Abendessen beginnt das sizilianische Ehepaar vom Nachbartisch ein Gespräch mit ihnen. „Wo kommen Sie her? Wie, Sie haben die Fähre von Civitavecchia nach Palermo genommen? Sind Sie das erste Mal in Sizilien? Und wie gefällt es ihnen?" Nach einer guten halben Stunde haben wir, die einen Tisch weiter sitzen, über die Toskaner wenig mehr erfahren, als dass sie aus Florenz, „der Stadt von Matteo Renzi", – und nun zu uns gewandt – „einem Freund Ihrer Frau Merkel", kommen. Der Sizilianer aber hat fast sein ganzes Leben erzählt: Wie er 1969 – „da war ich neunzehn" – mit zwei Koffern nach Australien ausgewandert ist; zuerst habe er nur 35 Dollar die Woche verdient, „zu wenig zum Leben und erst recht, um Geld nach Hause zu schicken". Doch dann habe er einen Landsmann aus Treviso kennengelernt, „die Frau war Sizilianerin", der ihn an eine Werkstatt vermittelt habe, die italienische Autos reparierte: „Klar, einen tüchtigen Mechaniker können wir immer brauchen!", habe der Chef ihn begrüßt. Es sei ein gutes Leben in Australien, nur Englisch zu lernen sei ihm schwergefallen; mit der Sprache habe es gehapert. – „Und warum sind Sie nicht dort geblieben?" – „Wegen der Mamma, die hat jede Woche angerufen und gefleht, dass ich wiederkommen soll. Nur, wenn ich Arbeit kriege, habe ich gesagt, und das hat dann auch geklappt." Nach vier Jahren sei er zurückgekommen und habe seine Frau kennengelernt: „Die wollte unter gar keinen Umständen nach Australien." – „Ja", sagt die Gattin, die sich jetzt angesprochen fühlt, in Sizilien sei es am schönsten, das müssten doch auch die anderen Italiener, die aus dem Norden, zugeben, wenn sie ihre Vorurteile erst mal überwunden hätten. Bekannte von ihr, mit denen sie den Nationalpark Zingaro besucht hat, seien ganz ängstlich gewesen. Aber seien da nicht viele Mafiosi, hätten sie gefragt und sich besorgt umgeschaut.

Auf einmal erhebt sich die Dame und nimmt Haltung an. „Ich bin jetzt 55 Jahre alt, und ich habe in meinem ganzen Leben noch keinen Mafioso gesehen!" Das müsse einfach auch mal gesagt werden, dass es in Sizilien ein ganz normales Leben gebe. „Das sind die Journalisten!", sagt eine der beiden Damen aus Florenz. „Die übertreiben, die übertreiben immer, es ist ihr Beruf, zu übertreiben." Die Toskaner nicken. Der Mann der Sizilianerin, der in Australien war und danebensitzt, schweigt betreten.

GOLE DELL'ALCANTARA Vor der Bar Trattoria mit dem arabisch geschriebenen Namen Al-Qantarah, gegenüber dem Parkplatz der Gole dell'Alcantara, einem tiefen Canyon, der zwischen bizarren Basaltfelsen kleine Badebecken bildet, sitzt ein Alt-Hippie, Anfang siebzig, lange braun-graue Haare, fast keine Zähne, Peace-Tattoo auf dem linken Unterarm, neben ihm eine deutlich jüngere Frau, und blinzelt in die Sonne. Es ist der Besitzer des adretten Lokals. Hinter der Bar hängen Fotos der Rolling Stones, von Pink Floyd, Uriah Heep, das Cover von Sgt. Pepper. – „Haben Sie die Stones mal live erlebt?" – „Zweimal sogar." – „Wie, am Sonntag in Rom, als sie im Circus Maximus spielten?" – „Nein, leider nicht. Vor vielen Jahren in Köln, im Stadion." – „Die Welt ist klein, wir kommen aus Köln." – „Ich habe dreizehn Jahre in einer kleinen Stadt nicht weit von Köln, in Recklinghausen, gewohnt, das war in den Achtzigerjahren. Dort habe ich in einem Restaurant gearbeitet, im Spaghetti House." – „Und warum sind Sie zurückgegangen – Heimweh?" – „Das ist eine Tausend-Euro-Frage, die kann ich nicht so leicht beantworten. Recklinghausen kann ganz schön grau sein. Hier haben wir Sonne. Ich zeige Ihnen mal die Ansichtskarten, die wir damals von der Schlucht verkauft haben; hier, die sind dreißig Jahre alt, schenke ich Ihnen. Wenn Sie zweihundert Meter die Straße hinaufgehen, kommen Sie an den ‚Ingresso communale', den öffentlichen Eingang, da sparen Sie die fünf Euro Eintritt, können aber nicht den Aufzug nehmen, sondern müssen

250 Stufen in die Tiefe steigen. Das lohnt sich schon wegen der Aussicht..." – Auf dem Schild des Lokals an der Straße, das mit dem Wappen der Brauerei Riegele aus Augsburg wirbt, steht am unteren Rand in Schreibschrift auf Deutsch: „... schönes Leben hier!"

CATANIA Ein kleines Ristorante mit Außenterrasse nicht weit von der Piazza Duomo. Auf der Speisekarte ein Oktopussalat für acht, eine Platte mit gegrilltem Fisch für sechzehn Euro. Auf der Rechnung stehen sie mit zehn und achtzehn Euro. Darauf angesprochen, weiß die Bedienung sofort Bescheid: „Oh, ein Fehler des Computers."

GIBELLINA Die Großinstallation *Cretto*, für die der Bildhauer Alberto Burri (1915 bis 1995) die Trümmer der 1968 vom Erdbeben zerstörten Stadt Gibellina überformt, weiträumig in hellgrauen Zementquadern begraben und anonymisiert hat, scheint mit ihren knapp mannshohen Gängen zwischen den Quadern in Struktur und Anmutung das Berliner Holocaustdenkmal von Peter Eisenman vorwegzunehmen – auch, wenn sie nicht mehr so glatt, durchgestaltet und assoziationsreich auftritt. In der Mittagshitze ist der Ort verwaist und wirkt umso bedrückender. Gibellina Nuova, nach dem Erdbeben am Reißbrett entworfen und aus dem Boden gestampft, achtzehn Kilometer weiter westlich, nahe der A 29, der Autobahn Palermo–Mazara del Vallo, vermittelt einen bizarren, künstlichen Eindruck. Nicht nur, dass es mit seinen viel zu breiten Straßen, überdimensionierten Plätzen und monströsen Skulpturen den Siebzigerjahren verhaftet scheint und nicht in die kulturelle Landschaft passt. Das demonstrativ Zukunftsgewandte und zugleich Ortsfremde der monumentalen Ikonografie der Stadt – darunter Werke von Joseph Beuys bis Oswald Mathias Ungers – offenbart Ähnlichkeiten mit dem Städtebau in der ehemaligen Sowjetunion. Unfreiwillig bezeugt die schnell gealterte Architektur die ideologische Nähe der damals „eurokommunistisch" geführten Gemeinde zu den vermeintlich weit entfernten Genossen. Auch an dem Dorf Salaparuta, das nur vier Kilometer vom alten, zerstörten Ort entfernt modern, doch weniger ambitioniert wiederaufgebaut wurde, ist dies abzulesen, wenn auch nicht so deutlich.

SALEMI Als Giuseppe Garibaldi am 14. Mai 1860 auf dem Rathausplatz in Salemi das Ende der Bourbonenherrschaft ausrief und sich zum „Diktator von Sizilien" ernannte, war das Bergstädtchen mit dem normannischen Kastell des Stauferkönigs Friedrich II. für einen Tag die Hauptstadt Italiens. In der Altstadt stehen zahlreiche Häuser leer und zum Verkauf; seit dem Erdbeben 1968 sind viele Einwohner hinunter ins Belice-Tal gezogen. Der Kunsthistoriker und Kulturpolitiker Vittorio Sgarbi, eine der umtriebigsten und schillerndsten Figuren des italienischen Medien- und Politzirkus, hat sich 2008 hier zum Bürgermeister wählen lassen und die Idee propagiert, aufgegebene Häuser zum symbolischen Preis von einem Euro an Film- und Popstars abzugeben, wenn diese für die Renovierung aufkommen. Doch mehr als Schlagzeilen und ein paar Fernsehfeatures haben er und der Benetton-Fotograf Oliviero Toscani, der ihm ein Jahr lang als Kulturassessor sekundierte, nicht produziert. Die groß angedachte Rettungsaktion ist sang- und klanglos untergegangen. „Ist Sgarbi denn immer noch Bürgermeister?" – Das „No", mit dem die Besitzerin der Bar auf der Piazza Libertà antwortet, verbietet weitere Nachfragen.

MARSALA Marsala, die letzte Stadt Italiens und die westlichste Siziliens, ist auch die erste Stadt Italiens. Dabei ist sie nicht so arabisch geprägt wie Mazara del Vallo, in dessen Kasbah-Viertel mehr Tunesier als Italiener wohnen. Zum Meer hin öffnet sie sich – ein Archäologischer Park liegt dazwischen – nicht gerade einladend. Im Jahr 827 eroberten die Sarazenen die Stadt, deren Namen „Marsa Ali" – Hafen Alis – oder „Marsa-al-Allah" – Hafen Allahs – bedeutet, und am 11. Mai 1860 landete hier Giuseppe Garibaldi mit seinem „Zug der Tausend". Die Frage, die nicht nur Goethe („Italien ohne Sizilien macht gar kein Bild in der Seele: hier ist erst der Schlüssel zu allem") und Joachim Fest (*Im Gegenlicht*) beschäftigt hat, stellt sich hier prononciert: Wie wäre unser Bild von, unser Blick auf Italien, wenn wir es nicht in Meran oder Como, sondern in Marsala oder Catania betreten würden? – Jedenfalls sind die Menschen, die heute hier ankommen, ganz andere. Auch Marsala hat – wie fast jede italienische Stadt – eine Piazza Repubblica, eine Via Roma, einen – hier normannischen und barock „erneuerten" – Dom und eine Porta Garibaldi. Doch keine Via XXV Aprile, benannt nach dem Tag der Befreiung vom Faschismus. Dafür eine Via XI Maggio.

2015

PALERMO Pünktlich gelandet; überpünktlich. Doch niemand darf die Maschine verlassen. Der Bus, der die Passagiere zum Terminal bringt, steht nicht bereit. Angespanntes Warten. Der Flugkapitän bittet um etwas Geduld. Die Stewardess von Eurowings sagt: „Das haben wir oft, wenn wir aus Europa kommen. Die haben hier ein ganz anderes Zeitgefühl." Zwölf, fünfzehn Minuten werden es dann doch. In Berlin läuft das Finale der Champions League zwischen dem FC Barcelona und Juventus Turin. Ein nicht mehr ganz junger Sizilianer, zweite Hälfte zwanzig, zückt das Mobiltelefon: „Mamma, ich bin in Palermo. Aber wir dürfen nicht aussteigen." Im Shuttle vom Flughafen zur Autovermietung dröhnt das Radio mit der Übertragung des Spiels. Es steht eins zu drei gegen Juve.

PALERMO Schon der Name klingt für viele Menschen bedrohlich, und nichts beschämt die stolzen Sizilianer so sehr wie Fremde – auch Italiener aus dem Norden gehören dazu –, die die Insel als erstes mit der Mafia identifizieren – und die Hauptstadt mit deren Hauptstadt. Dabei gilt bereits der Flughafen, der auf eine schmale Landzunge zwischen Meer und Berg gezwängt wurde, als gefährlich; zweimal schon sind Maschinen abgestürzt, die eine 1972 über dem Berg, die andere 1978 über dem Meer. Erst danach wurde eine sichere Querwindbahn gebaut. Daran, dass der Flughafen in den Fünfzigerjahren ausgerechnet hierher verlegt wurde, ans Kap Punta Raisi, das, dreißig Kilometer westlich der Stadt, starke Fallwinde heimsuchen, hat die Cosa Nostra mitgedreht. Seit 1995 trägt er den Namen „Falcone e Borsellino". Die beiden Anti-Mafia-Richter sind, so die Plakette am Eingang, „Gli altri – l'orgoglio della Nuova Sicilia": Die Anderen – der Stolz des neuen Sizilien.

72

Mafia und Kampf gegen die Mafia. Das Thema meldet sich spätestens mit der Begrüßung im Terminal zu Wort. Berg und Meer, schwarz und weiß, Schönheit und Schrecken, These und Antithese. Palermo ist immer beides: zwiespältig, zweigesichtig, ein Ort harter Gegensätze und großer Extreme. Schon die Straße vom Flughafen, die auch eine Ein-Führung in die Stadt ist, ihr Vorzimmer und Vorbereitung auf sie, erzählt davon. Einerseits eine gewöhnliche Autobahn, die an der Küste entlangläuft, doch vom Meer – hier ein Stück Strand, dort ein kleiner Yachthafen – nicht viel sehen lässt. Heruntergekommene Häuser versperren den Blick, Lagerhallen und Werkstätten, (Neu-)Bauruinen und Bruchbuden mit Müll vor der Tür und schöner Aussicht, viele von ihnen Schwarzbauten, dann – näher zur Stadt hin – Gewerbegebiete mit Baumärkten, Möbel- und Autohäusern, bis die dicht gestaffelten Mietskasernen der Banlieue aufragen. Könnte überall sein. Einerseits.

Andererseits nicht. Denn etwa auf halber Strecke, bei Capaci, flankieren zwei rostrote Granitstelen die Fahrbahn, und wenn der 23. Mai erst ein paar Tage zurückliegt, sind die Blumen noch nicht verwelkt: Am 23. Mai 1992 riss das Attentat auf Giovanni Falcone die Fahrbahn auf, der Richter, seine Frau und drei Leibwächter wurden ausgelöscht. In der Dunkelheit ist das Mahnmal kaum zu erkennen; umso mächtiger wirkt die riesige Schrift, die oben am Hang, von wo die 572 Kilo schwere, in einem Abflussrohr versteckte Bombe gezündet wurde, steht: „NO MAFIA."

Manche Palermo-Touristen steigen an dieser Stelle aus. Sie fliehen ins Hotel, packen den Koffer aus, verschanzen sich in ihrem Zimmer und trauen sich nicht vor die Tür. Weil das ja alles zu stimmen scheint mit der Mafia, der Kriminalität, dem Müll, der Korruption, dem Verkehr. Einer von ihnen ist sehr populär geworden, dabei hat er nicht einmal einen Namen. Es ist der fiktive, nur als „du" angesprochene Adressat eines Anti-Reiseführers, den der Schriftsteller Roberto Alajmo 2005 veröffentlicht hat. Auf Deutsch trägt das Buch – Goethe und Neapel lassen grüßen – den Titel *Palermo sehen und sterben*, im Original heißt es *Palermo è una cipolla*, Palermo ist eine Zwiebel. In zehn Kapiteln versucht es den imaginären Besucher für die Stadt einzunehmen, seine Neugier zu wecken und ihm klarzumachen, dass er seine Vorurteile überwinden, das Hotel verlassen und Palermo (der Name steht nur im Titel und fällt danach nicht mehr) mit allen Sinnen erleben und genießen muss. Nicht, indem es seine Sorgen zu bagatellisieren und ihm auszureden versucht, sondern indem es darlegt, wie bestimmte Klischees entstanden sind und was von ihnen zu halten ist. Der Autor schält die Stadt wie eine Zwiebel, die – je weiter er nach innen dringt – umso feiner, zarter, reiner wird. Ohne Schönfärberei schildert er ihre Sehenswürdigkeiten, ihre Kirchen, Paläste und Gärten, ihre Märkte und Menschen, Kostbarkeiten und Köstlichkeiten, Glanz und Gewalt, Schattenseiten und Schrecken. Wie die poetische Überzeugungsarbeit ausgeht, entscheidet der Leser. Viele Leser haben sich mit diesem Buch darauf vorbereitet, sich Herz über Kopf in die Stadt Palermo zu stürzen: In Italien ist es ein Best- und Longseller, der mehr als ein Dutzend Auflagen erzielt hat; die deutsche Übersetzung ist vergriffen und wird antiquarisch für hundert Euro und mehr gehandelt.

PALERMO Es war der erste Sonntag des Jahres 1980, als sich zwischen 12.30 und 13 Uhr in Palermo entschieden hat, dass Sergio Mattarella, der am 3. Februar 2015 als zwölfter Präsident der Republik Italien vereidigt wurde, Politiker werden würde. An diesem 6. Januar 1980, dem Dreikönigstag, wurde auf dem elegantesten Boulevard der Stadt, von dessen Jugendstilvillen einige bereits in den Fünfzigerjahren durch die Immobilienspekulationen

der Mafia zerstört worden waren, Piersanti Mattarella vor seinem Haus Via Libertà 147 von einem Killer der Cosa Nostra hingerichtet: Acht Schüsse trafen den christdemokratischen Politiker, der 1978 zum Präsidenten der Region Sizilien gewählt worden war, der in seinem Privatwagen saß, einem Fiat 132 Berlina, in dem er mit seiner Familie gerade losfahren wollte.

„Es war ein ruhiger, menschenleerer Sonntag", erinnert sich Letizia Battaglia, damals Fotoreporterin der linken Tageszeitung *L'Ora*, die mit ihrem Partner und Kollegen Franco Zecchin „nur einen Spaziergang machen wollte", 35 Jahre danach im Gespräch: „Wir sahen nur eine kleine Menschentraube und das Auto; wir dachten erst, es sei ein Verkehrsunfall und wussten lange gar nicht, dass Mattarella das Opfer war." Die beiden Fotografen („die Leica hatten wir immer dabei") waren als erste am Tatort. Durch die offene Fahrertür hat Letizia Battaglia Aufnahmen davon gemacht, wie das Opfer gerade aus dem Fond des Wagens gehoben wird: Sergio Mattarella, damals 38 Jahre alt und fast weißhaarig, hält den Oberkörper seines schwer verletzten Bruders. Dessen Frau Irma Chiazzese, selbst von einem Projektil getroffen, stützt die Beine, vom Rücksitz beugt sich die Tochter Maria nach vorne. „Piersanti Mattarella lebte noch. Es war eines der schrecklichsten Gräuel, die ich als Reporterin gesehen habe", sagt Letizia Battaglia. „Kurz nach Eintreffen in der Klinik ist er in den Armen seines Bruders gestorben."

Palermo 1980, das war am Vorabend des zweiten großen Mafiakriegs, als die Clans von Corleone den „ehrenwerten" Familien von Palermo das Territorium streitig machten und ohne Ankündigung Massaker anrichteten, die mehr als tausend Menschen das Leben kosteten. Eine bleierne Zeit. Im gleichen Jahr wird Giovanni Falcone leitender Untersuchungsrichter und beginnt mit Paolo Borsellino die Maxiprozesse vorzubereiten. Der 1935 geborene Piersanti Mattarella, der wie sein politischer Ziehvater,

der 1978 ermordete Aldo Moro, dem linken Flügel der Demo-
crazia Cristiana (DC) angehörte und dessen Reformprogramm
vertrat, war eines der ersten „prominenten" Opfer in diesem
Krieg. Kurz zuvor hatte er angekündigt, für alle leitenden Be-
amten der Region, die „Unantastbaren", das Rotationsverfahren
einzuführen, und eine Überprüfung der Vergabe von öffentlichen
Bauaufträgen angeordnet, die die Stadt Palermo den Bossen
der Cosa Nostra zugeschanzt hatte. Mattarella war entschlos-
sen, in seiner Partei aufzuräumen.

In seinem Standardwerk *Cosa Nostra. Die Geschichte der
Mafia* bezeichnet John Dickie den Mord in der Via Libertà als
Wendepunkt im Verhältnis der DC zur Cosa Nostra, wie es vor
allem von dem wegen Mafiabegünstigung angeklagten Giulio
Andreotti bis dahin gestaltet wurde: „Als die Gewalt der Mafia
Ende der Siebzigerjahre zunahm, spürte Piersanti Mattarella,
welche Gefahr für seine Partei aus der Beziehung zum orga-
nisierten Verbrechen erwuchs, so bemühte er sich um mehr
Transparenz. Am beunruhigendsten für die Cosa Nostra war,
dass er sich darum bemühte, das System zur Vergabe öffentli-
cher Aufträge vom Einfluss der Mafia zu befreien. Als Andreotti
von den Plänen zur Ermordung Mattarellas erfuhr, traf er sich
den Ermittlungen des Gerichts zufolge mit Bontate [auch: Bon-
tade] und anderen Ehrenmännern, um ihnen dringend von der
Ausführung abzuraten. Nach Mattarellas Tod traf Andreotti
noch einmal mit Bontate zusammen, aber dieses Mal wurde
ihm unverblümt mitgeteilt, die Cosa Nostra habe sich nach
ihrer eigenen Einschätzung von seinem Einfluss befreit. Der
Urteilsbegründung zufolge setzte Andreotti die Behörden nie
von den Vorgängen in Kenntnis – weder versuchte er auf diese
Weise Mattarellas Leben zu retten, noch war er bestrebt, die
Mörder vor Gericht zu bringen." Dass Andreotti nicht verurteilt
wurde, „verdankte er", so der Historiker Dickie, „den italienischen Verjährungsgesetzen".

Das Attentat in der Via Libertà war – so brutal wie tragisch – eine Schlüsselszene der italienischen Politik, wie noch die Wahl Mattarellas zum Staatspräsidenten bestätigt. Erschüttert vom Tod seines Bruders hat Sergio Mattarella, der an der Universität La Sapienza in Rom Jura studiert und an der Universität seiner Heimatstadt eine akademische Laufbahn eingeschlagen hatte, seinen Lebensplan geändert, das schwere Erbe von Piersanti angenommen und eine fast diskrete politische Karriere begonnen. 1983 wurde er für die DC, der er bis 1994 angehörte, zunächst ins Regionalparlament von Westsizilien gewählt. Der weitere Weg ist bekannt.

Als Politiker steht Sergio Mattarella für alles, was Sizilien gemeinhin abgesprochen wird: für Verfassungs- und Gesetzestreue, für Fleiß und Bescheidenheit, für den Kampf gegen die Korruption und die organisierte Kriminalität. „Dass ein Mann mit dieser Biografie, diesem Hintergrund und diesem Schicksal zum Präsidenten der Republik gewählt wurde", sagt die fast achtzigjährige Letizia Battaglia am Tag nach dessen Wahl am Telefon, „ist für uns in Sizilien, die wir weiter unter der Mafia leiden, ein großes Zeichen der Hoffnung."

PORTICELLO Viele Menschen sind am Sonntagmorgen im Ort unterwegs; in der neobarocken Kirche wird Kommunion gefeiert. Und alle sind festlich gekleidet: die Männer im schwarzen Anzug, die Frauen und Mädchen fast alle auf Highheels und in (zu) kurzen Kleidern – auch wenn die Beine oder die Figur dagegensprechen. Die Männer stehen in kleinen Gruppen beisammen und rauchen, die Frauen sitzen im Schatten und fächeln sich Luft zu.

„Um 12 Uhr", sagt ein junger Familienvater, der mit seinem zehnjährigen Sonn auf einer Bank auf dem Platz vor der Kirche sitzt, der Frau und dem jüngeren Sohn gegenüber, „wird der

Gottesdienst zu Ende sein." Doch um 12.30 Uhr dauert er immer noch an. Endlich kommen die Kinder aus der Kirche: Wie kleine Brautleute sehen sie aus; die Kleider, die sie tragen, weisen in die Zukunft. Das nächste, noch größere Fest wird die Hochzeit sein. „Woher kommen Sie? Aus Deutschland?" – Und schon ist er bei Merkel, nur dass er nicht „La Merkel", sondern „Meck" sagt und zuerst gar nicht zu verstehen ist, was oder wen er meint. Viele Sizilianer gingen jetzt nach Deutschland, erzählt er, viele seiner Freunde. „Und was machen Sie beruflich?" – „Ich bin Mechaniker. Nein, nicht so sehr von Autos als von Motorrädern und Rollern. Sehen Sie die Vespa da drüben? Die wird nicht mehr gebaut, ist aber immer noch sehr beliebt. Wer so eine hat, gibt sie nie mehr her."

PORTICELLO Frühstück in der Bar Panfilo an einer Ecke des Lungomare. Auf einmal steht ein altes, verhutzeltes Männlein am Tisch und beginnt zu erzählen. „Setzen Sie sich doch!" Er sei achtzig Jahre alt und habe bis vor einem Jahr als Fischer gearbeitet; es sei eine gute Arbeit gewesen, ein Leben lang. Vier Kinder, drei Jungs und ein Mädchen. – „Porticello wirkt gepflegter als früher." – „Ja, vielleicht, aber nur auf den Hauptstraßen; auf den Nebenstraßen nicht." Es gebe hier noch dreihundert Fischer, meist würden sie für zehn Stunden hinausfahren. Porticello sei ein guter Ort, alle hätten das Herz auf dem rechten Fleck, und die Mafia gebe es hier nicht, auch keine Drogenabhängigen; nebenan in Bagheria aber schon.
Ein paar Tage später treffen wir hier Salvatore, einen Fischer um die dreißig, kräftig und untersetzt, der in seiner Freizeit aus Netzen kleine Objekte, Schmuck und Accessoires bastelt und verkauft. Es sei frustrierend, klagt er – und berichtet, wie ihm und seinen Kollegen die Arbeit verleidet wird. Der Staat habe für Thun- und

Schwertfisch eine Fangquote verordnet, die aber nach drei Tagen erfüllt sei, dabei sei das Meer voll, „ganz voll". Die großen Fische würden nach China exportiert; fangen dürften sie nur die kleineren, und wenn ihnen doch große in Netz gingen, müssten sie die töten und ins Meer schmeißen, weil sie sie nicht an Land bringen dürften. Die Küstenwache führe scharfe Kontrollen durch und verhänge hohe Strafen. Das sei jedes Mal ein blutiges Gemetzel, das ihm – er sei schließlich Fischer – das Herz breche. Er hat ein YouTube-Video davon ins Netz gestellt. Es gäbe viele Ideen und eine große Kreativität in Sizilien, aber keinen Konsens. Jeder arbeite für sich, niemand für die Gemeinschaft.

BAGHERIA Die Buchhandlung Interno 95 – die beste, vielleicht einzige am Ort – ist erstaunlich gut sortiert. Auch Bücher von deutschsprachigen Autoren, von Daniel Kehlmann und Helmut Krausser, stehen in den Regalen, die Neuerscheinung *Serenità* (Gelassenheit) von Wilhelm Schmid („100 000 verkaufte Exemplare in Deutschland") liegt aus. Auf die Frage, welche zeitgenössischen deutschen Autoren gelesen würden, fragt die Buchhändlerin zurück, ob Christa Wolf und Günter Grass noch zeitgenössische Autoren seien. – „Ja, schon." – „Aber was ist mit jüngeren, lebenden?" – Sie zieht eine Schublade auf, aus der einem Frank Schätzing entgegenlacht; den Namen hatte sie so ausgesprochen, dass er nicht zu erkennen war. „Das ist ein Buch, das ich gut verkauft habe – wunderbar zu lesen. Und das davor, das mit dem Wasser, auch."
Das in Deutschland gerade erschienene Opus magnum von Stefano D'Arrigo, *Horcynus Orca*, hat sie nicht vorrätig. Nein, das werde kaum nachgefragt, doch könne sie es bestellen, für 25 Euro. Vermutlich werde der Autor – und das gelte sicher auch für einen Romancier wie Vincenzo Consolo – in

Deutschland mehr gelesen als in Italien. – „Aber es werden doch viele deutsche Titel übersetzt. Auf dem Salone del libro in Turin ist Deutschland gerade Gastland gewesen." Doch davon weiß sie nichts.

BAGHERIA Die 1715 erbaute Villa Palagonia, vom Stadtzentrum inzwischen geradezu eingekesselt, ist einer der wenigen alten Adelspaläste, die öffentlich zugänglich sind. Johann Wolfgang von Goethe hat sie besucht und sich über die grotesken Skulpturen („Torheiten") empört: Monster, Zwerge, entstellte Affen, Tiermenschen, Nymphen, Krüppel, Freaks. Was in dem Dichterfürsten das „unangenehme Gefühl" hervorrief, „das einen jeden überfallen muss, wenn er durch diese Spitzruten des Wahnsinns durchgejagt wird", hat Joachim Fest relativiert und kunsthistorisch eingeordnet: „Man hat Goethe vorgeworfen, dass er sich zwar ausführlich über die Verstiegenheiten der Villa Palagonia verbreitet habe, an den normannischen Bauten von Palermo und Monreale aber vorbeigegangen sei. Auch er sah nur, was ihn bestätigte oder verneinte. Die Villa Palagonia war eine Ausgeburt barocker Übertreibungslust und Vergänglichkeitstrauer, deren Nachwirkungen noch den Klassizismus jener Jahre in Frage stellten. Zugleich mochte sie Goethe als Vorahnung jener ‚kranken' Romantik erscheinen, die seine Abwehrinstinkte wachrief." In seinem Kommentar hat Fest eine kleine Poetik des Reisetagebuchs untergebracht: „Auch er sah nur, was ihn bestätigte oder verneinte."

SOLUNT Spätnachmittags gegen 17 Uhr hat der Besucher die Ausgrabungsstätte von Solunt für sich allein. Die Archäologen haben die Arbeit hier etwa zur gleichen Zeit aufgenommen, als Bagheria zur Sommerresidenz der Palermitaner Aristokratie wurde. Die griechische Stadt, im dritten vorchristlichen Jahrhundert auf den Ruinen der phoenizischen Siedlung gegründet, ist in ihrem streng geometrisch geordneten Grundriss und ihren Funktionen mit Agora, Theater, Altären und Zisternen leicht zu lesen. Der Mitarbeiter an der Kasse erklärt, dass alles vor viertausend Jahren begonnen habe. Auf ein paar Jahrhunderte mehr oder weniger kommt es in Sizilien nicht an: Die ältesten Funde stammen aus dem 7. oder 8. Jahrhundert vor Christus. In einem kleinen Museum werden sie ausgestellt, die besten Stücke aber seien, so klagt der Wärter, nach Palermo ins Archäologische Museum Salinas verbracht worden, das seit Jahren geschlossen ist. Die topografische Lage an den kargen Hängen des Monte Catalfano bietet eine atemberaubende Aussicht die Küste entlang – und erklärt die strategische Bedeutung der antiken Stadt.

PATTI „Germania Repubblica Democratica" steht auf unserer Anmeldung des Agriturismo Santa Margherita in Gioiosa Marea. – „Das müsste aber bitte ‚Germania Repubblica Federale' heißen!" – „Ach so, ja, richtig!" lacht die freundliche Dame an der Rezeption etwas unsicher, „das ist unser altes Computersystem." – „Aber Germania Repubblica Democratica gibt es schon seit 25 Jahren nicht mehr." – „Ja, es wäre besser, wir würden einfach ‚Germania' sagen", räumt sie ein. – „Die Deutschen", erzählt der Besitzer später, „sind unsere wichtigsten Kunden, dicht gefolgt von den Niederländern." Im Zimmer liegt eine Broschüre zur Geschichte des Agriturismo aus. Erst 1990, im Jahr des Endes der DDR, wurde der Bauernhof in einen Betrieb mit Gästezimmern umgewandelt.

BARCELLONA POZZO DI GOTTO Oberhalb von Barcellona Pozzo di Gotto, wenige staubige Straßenkilometer den ausgetrockneten Torrente Longano entlang, durch ärmliche Weiler und ein paar Spitzkehren in die Monti Peloritani hinauf, liegt der Parco Museo Jalari. Die Familien Pietrini und Giorgianni haben ihn der kargen Landschaft abgetrotzt und sich in dreißig Jahren einen Traum realisiert – eine Insel auf der Insel. Der Name soll sich, so erklären sie, von dem arabischen Wort *jalari* herleiten und *pietra luccicante* – leuchtender Stein – bedeuten, womöglich eine Verballhornung, denn Übersetzer aus dem Arabischen können das nicht bestätigen. Aus diesem Stein sind die Gebäude, Mauern, Treppen, Brücken, Türme und Plätze gebaut; er gibt der Anlage, die einen Skulpturenpark und ein volkskundliches Freilichtmuseum verbindet, ihr einheitliches Aussehen. Auf dem 35 Hektar großen, am Hang angelegten Anwesen hat der (nur hier hervorgetretene) Bildhauer Mariano Pietrini mehrere Brunnen sowie Hunderte allegorische Figuren in Stein gehauen, die, offenbar unabhängig von skulpturalen Traditionen, in ihren Zügen merkwürdig verzerrt sind und von vertikalen Linien bestimmt werden. Sein Bruder, der Architekt Salvatore Pietrini, hat Wege und Plätze angelegt, die sprechende Namen tragen: Von einem „Platz der Begegnung" und einem „Boulevard des Chaos" geht es über einen „Boulevard der Wiederentdeckung von Werten" bis zu einem „Boulevard der Energie" hinauf, ganz oben stehen eine „archaische Kirche" und ein, so die Wortneuschöpfung, „Pietrarium". An den Straßen und Plätzen wurden von verschiedenen Zünften 42 kleine Läden und Werkstätten errichtet – ein Museum traditioneller Tätigkeiten. Darunter finden sich eine Mühle, eine Bäckerei, ein Schuster, ein Sattler, und es ergibt sich daraus ein ethnografisches Arsenal, eine Arche Noah der vergessenen und verschwundenen Handwerkskünste. Auf halber Höhe bietet die „Terrasse ins Unendliche" einen weiten Ausblick auf die Küste und das Tyrrhenische Meer. An einem Samstagmorgen im Juni ist der Besucher allein; eine Hochzeitsgesellschaft hat das Restaurant und die Konferenzräume angemietet. Auch eine Bio-Landwirtschaft und ein Agriturismo sind Teil des Ensembles. Das Museum wirkt verwaist, das weitläufige Gelände macht einen leicht eingestaubten Eindruck. Womöglich liegt es zu abgelegen, um ein Publikum locken und binden zu können.

MESSINA Mit dem Zug geht es von Patti nach Messina, etwa sechzig Kilometer. Stadt und Hafen machen einen verschlafenen Eindruck. Das Eingangsportal der größten Mittelmeerinsel stellt man sich lebendiger, betriebsamer, verkehrsreicher vor. Die nächste Fähre hinüber aufs Festland, nach Villa San Giovanni, geht erst um 13.15 Uhr, in anderthalb Stunden. In der Autoschlange stehen fünf Fahrzeuge, alle mit deutschen Kennzeichen, die man in Sizilien eher selten sieht – darunter ein Wohnmobil aus „GP" und ein Porsche aus „UN". Die Italiener kommen nicht so lange vor der Abfahrt. Die Fähre kostet 2,20 Euro pro Passagier, 6,60 Euro fürs Auto. Die Personenfähre nach Reggio Calabria, das südlich von Villa San Giovanni liegt, wird nicht von den Staatlichen Eisenbahnen, sondern von Ustica Lines bedient – 6,50 Euro, hin und zurück, die Rückfahrt muss gleich mitgebucht werden. Zwanzig Minuten dauert die Überfahrt, an Bord wird ein Video gezeigt, das – unterlegt mit Musik von Eros Ramazzotti – den „Stretto", die Meerenge von Messina, in allen Sonnenstrahlen des Morgen- und Abendrots schillern und leuchten lässt. Bella Italia!

REGGIO CALABRIA Das Tragflügelboot ist gut ausgelastet: Geschäftsleute mit Aktentaschen, Hausfrauen mit Einkaufstüten, Chinesen, kaum Touristen. Vom Schiff aus sind von Reggio Calabria zunächst uniforme Mietshochhäuser und große, über den Hang laufende Ausfallstraßen zu sehen, die die Wohngebiete und den Zugang zum Meer beschneiden. Die kurze Allee zu dem Hafen, in dem das Fährschiff anlegt, ist schmutzig und vernachlässigt; Abfall im Rinnstein, Graffiti an den Wänden, bewohnte und leer stehende Häuser, dazwischen ein Dreisternehotel. Dahinter öffnet sich die Stadt, auffallend gepflegt und einladend, mit einer breiten, großzügigen Uferpromenade – dem Lungomare Falcomatà, den Gabriele D'Annunzio den „schönsten Kilometer Italiens" genannt haben soll.

Das Museo Archeologico Nazionale, auch Museo Nazionale della Magna Grecia genannt, ist ein stattliches, quadratisches Gebäude, das 1942 errichtet, doch erst 1954 eröffnet wurde. Der Zugang zu den Bronzen von Riace, die Taucher 1972 im Meer entdeckten, führt durch eine Schleuse, in der die Besucher zwei Minuten verbleiben müssen und von Bakterien gereinigt werden. In den abgehängten, schlichten Ausstellungsräumen kommen die beiden Statuen – jede ist einzeln in Szene gesetzt – großartig zur Geltung. Die meisten übrigen Säle sind wegen Restaurierung geschlossen, nur wenige ausgewählte Fundstücke und Fragmente sind zu sehen.

Im kleinen Buchladen des Museums liegt ein Titel von Edward Lear aus, *Diario di un Viaggio a piedi* – Tagebuch einer Wanderung zu Fuß –, die er 1847 in Kalabrien unternahm. Nein, im englischen Original gebe es das nicht, das sei ihr nie in die Hände gefallen, obwohl sie auf der Universität Englische Literatur studiert habe, sagt die Buchhändlerin. Was Edward Lear damals in Kalabrien getrieben habe, sei nicht bekannt und von allen möglichen Vermutungen und Gerüchten umrankt; schließlich sei das noch vor der Einheit Italiens und „Lo Stretto" damals eine strategisch wichtige Meerenge gewesen. Gut möglich, dass er ein Spion im Auftrag von Königin Victoria gewesen ist.

Dass Edward Lear der „Erfinder" des Limericks war, sagt ihr nichts; eine Familie, bei der er damals wohnte, so erzählt sie, habe eine (Sprach-)Schule gegründet, die es immer noch gebe. Auch San Luca habe Lear damals besucht – ein Ort, der heute „aus traurigen Gründen" bekannt sei, denn von dort stammen die Mörder der Mafiafehde 2007 in Duisburg.

Die Museumswärterinnen empfehlen das Museo Civico, nur einen Kilometer die elegante, doch in der Mittagshitze weitgehend geschlossene und leer gefegte Via Garibaldi hinunter. Es zeigt Kunst des 14. bis 20. Jahrhunderts, darunter zwei kleine Gemälde von Antonello da Messina. Der Eintritt ist frei. Es handelt sich auch schon um die Hauptwerke des Hauses, das Künstler aus der Region versammelt; die Meerenge mit dem mal mit mehr, mal mit weniger Schnee bedeckten Ätna dahinter war ihr weitaus beliebtestes Motiv.

Die für 16.20 Uhr gebuchte Rückfahrt nach Messina lässt nicht viel Zeit. „Aber Sie müssen unbedingt wiederkommen, und bitte tragen Sie sich ins Besucherbuch ein", insistieren die beiden Damen an der Kasse. „Hier noch unser Bestandskatalog. Nein, der kostet nichts, ist ein Geschenk. Und bitte kommen Sie wieder, bitte."

Als die Fähre den kleinen Hafen verlässt, fällt der Blick auf ein hellblau gestrichenes Boot, vielleicht zehn Meter lang, kaum seetauglich, grob zusammengezimmert und abgenutzt, dessen Bug zwei Zeilen in arabischer Schrift zieren; das sieht auffallend provisorisch aus, wie – eine geradezu frivole Assoziation – von einem Kind gemalt. Handelt es sich dabei um einen der beschlagnahmten Schlepperkähne, mit dem Flüchtlinge übers Mittelmeer geschleust wurden?

Erst auf dem Rückweg, bei der Einfahrt nach Messina, fällt uns die berühmte Inschrift am Ende der Hafenmauer unter der dreißig Meter hohen Madonnenstatue auf: „Vos et ipsam civitatem benedicimus" – wir segnen euch und eure Stadt.

ALÌ TERME Für viel mehr als die Durchgangsstraße lassen Gebirge und Meer keinen Platz in Alì Terme, vierzig Kilometer südlich von Messina; die Autostrada, die hier aufgeständert verläuft, und die Eisenbahn müssen ja auch noch durch. Die Häuser reihen sich die SS 114 entlang, kurze Stichstraßen rechts und links, nicht einmal eine richtige Piazza kann das Städtchen ausbilden. 1954 von Alì Marina in Alì Terme umgetauft und damit zum Kurort erhoben, hat es bessere Zeiten gesehen. Vom bescheidenen Glanz ist wenig geblieben. Der große Verkehr und der Tourismus rauschen vorbei, die Küste Kalabriens gegenüber verschwimmt am dunstig flirrenden Horizont. Nichts ist hier zu ahnen von der Dramatik der Meerenge, dem Schauplatz des Romanepos *Horcynus Orca* von Stefano D'Arrigo (1919 bis 1992), das eine moderne Odyssee erzählt und im Frühjahr 2015, vier Jahrzehnte nach dem Original, mit der deutschen Übersetzung von Moshe Kahn erstmals in einer fremden Sprache erschienen ist.

Nur an der Via Lungomare, die am Strand entlangführt, ist am Sonntagmittag etwas Betrieb. Im Chiosco Bar Caprice kostet der Kaffee siebzig Cent, und das junge Mädchen, das ihn serviert, reicht die Frage gleich an die Signora weiter: „Ja, klar kenne ich Stefano D'Arrigo, der hat in Alì Terme seine Kindheit verbracht; zwei Cousins von ihm wohnen hier." Und sein Geburtshaus? „Das kenne ich auch, aber zu sehen gibt es da nichts. Klein und armselig, steht es leer, seit die alte Dame – die ist hundert geworden – vor ein paar Jahren gestorben ist."

Die Wegbeschreibung führt zurück in die Hauptstraße zu einem einstöckigen Häuschen, windschief und das Fenster zur Straße vernagelt; auch das Nachbargebäude ist nicht bewohnt. Der ältere Herr in der kleinen Buch- und Zeitschriftenhandlung drei Häuser weiter weiß nichts von dem Geburtsort: „Ich kenne den Cousin von D'Arrigo, der wohnt hier um die Ecke, und das Buch, *Horcynus Orca*, habe ich vorrätig." – „Auch gelesen?" – „Aber sicher, ein Meisterwerk der sizilianischen Literatur!" Er verschwindet im Hinterzimmer und kommt damit zurück: backsteindick, 25 Euro.

Die Signora in der Bar am Lungomare schaut auf die Fotos und bestätigt, dass es das richtige Haus ist, „aber das rechts, das kleine". – „Könnte die Gemeinde doch was draus machen, zu Ehren ihres berühmtesten Sohns." – „Ja, da haben Sie recht, das wäre mal was. In Messina, wo D'Arrigo studiert hat, wurde ein Literarischer Park eröffnet, der nach *Horcynus Orca* benannt ist, hab ich gelesen, oben am Kap Peloro, zwischen Skylla und Charybdis – ‚Scill'e Cariddi' heißt es bei D'Arrigo. Käme hier aber keiner drauf. Aber, wenn sich jetzt schon Leute aus Deutschland dafür interessieren, passiert das ja vielleicht noch. Wer weiß?"

GIARRE Die junge Dame tritt als Allegorie der Zitrone auf. Eine halbe Schale trägt sie als Sonnenhut auf dem Kopf, eine andere größere Hälfte als Reifrock um die Wespentaille, und in den Händen hält sie ein silbernes Tablett, auf dem ein Glas Limonade steht. – „Wollen Sie gesund bleiben …?!" steht – auf Deutsch – in der linken Ecke: „Trinken Sie frische Limonaden."

Der Senior des Agriturismo San Leonardello zeigt stolz auf das Plakat, das im Salon der kleinen Ferienwohnung hängt: „Das ist aus den Zwanzigerjahren. Mein Großvater war der erste, der von Acireale aus Zitronen nach Deutschland exportiert hat. Das Geschäft lief sehr gut – jedenfalls bis zur Weltwirtschaftskrise. In gekühlten Güterwaggons wurden die Südfrüchte über die Alpen gefahren. Hier: ‚Giuseppe Calabretta' – so der Name der Firma; das war mein Großvater: ‚Kaufen Sie Zitronen und Zitronensaft nur von der Firma Giuseppe Calabretta fu Angelo, Produktion und Exportation von Agrumen. Acireale/Sizilien.'" Heute verwenden Signor Calabretta, seine Frau und die drei Töchter die Reklame von damals, um für ihren Agriturismo zu werben, der, in einem weitläufigen Zitronenhain gelegen, auch Marmeladen und Limoncello produziert. Mit den großen Plantagenbesitzern, die heute den Export bestimmen, kann der Familienbetrieb schon lange nicht mehr mithalten.

AUGUSTA Augusta, vor wenigen Wochen noch Ankunftshafen von Marineschiffen, die Flüchtlinge gerettet haben und täglich in den Tagesthemen, etwa auf halber Strecke zwischen Catania und Syrakus, taucht auf den Verkehrsschildern kaum auf. Dabei ist es auf Sizilien die Hafenstadt mit der größten Kriegsflotte; ihre Bucht ist von Raffinerien „belastet", sodass sich trotz der beschaulichen, auf einer Halbinsel gelegenen Altstadt und einem Castello, das Stauferkönig Friedrich II. errichten ließ, kaum Touristen hierher verirren. Umso mehr ist Augusta Ziel für die Rettungsschiffe mit Flüchtlingen. Die werden, so erzählen Einheimische, hierher umgeleitet, damit sie in Syrakus nicht den Tourismus stören ...

POZZALLO „Wie war das denn vor ein paar Wochen, als hier Flüchtlinge aus Libyen ankamen?" – „Wenn ich aufs Meer rausschaue, erkenne ich sofort den Unterschied zwischen einem Fischer- und einem Flüchtlingsboot", sagt der Wirt des Restaurants Il Delfino in Pozzallo, das schon „das neue Lampedusa" genannt wurde. Der Speisesaal schwebt förmlich über dem Wasser und erlaubt einen weiten Blick aufs heute ganz ruhige Meer: „Wenn so ein Schiff kommt, herrscht hier Alarmstufe eins. Doch die Flüchtlinge werden in den Hafen gebracht, wo die Fähre nach Malta ablegt, da können Sie nicht einfach hineinfahren. Das Militär erwartet sie dort, sie werden registriert und medizinisch versorgt, dann in Bussen nach Catania gebracht

– in ein Auffangzentrum. Was man über die Zustände dort hört, ist eine Schande. Oft kommt das Geld, das den Flüchtlingen zusteht, nicht bei ihnen an. Wir müssen überlegen, wie wir ihnen besser helfen können. Wenn wir eine Europäische Union haben, kann es nicht sein, dass sie in Italien landen und dann als Flüchtlinge behandelt werden, die nicht nach Europa, sondern ‚nur‘ nach Italien geflohen sind. Das kann nicht gerecht sein. Italien war einmal begeistert von der europäischen Idee – davon ist nicht viel übrig geblieben.“

SCICLI Wir sind gerade angekommen in Scicli, der Barockstadt, die nach dem Erdbeben 1693 mit viel Kunstverstand wiederaufgebaut wurde, als wir Mimmo kennenlernen. Eigentlich hatten wir ihn nur nach dem Weg gefragt, doch weil er freundlich ist und stolz auf seine Stadt, hat er uns adoptiert. Und als wir dann auf der Piazza Municipio vor dem prächtigen Rathaus stehen, von wo die Via Francesco Mormina Penna, die berühmte Barockstraße, abgeht, sagt Mimmo nicht etwa: „Das ist unser Stadtpalast, Neorenaissance, frühes 20. Jahrhundert“ oder sowas Ähnliches, sondern er sagt: „Das ist der Amtssitz von Montalbano.“ Und der prüfende Blick, mit dem er uns ansieht, ergänzt: „Das sagt euch doch hoffentlich was, den kennt ihr ja sicher aus dem Fernsehen.“
Es ist ganz und gar unmöglich, Salvo Montalbano, dem Commissario der Krimis von Andrea Camilleri, im Südosten der Insel nicht über den Weg zu laufen. In Modica rühmt sich eine Bibliothek, Location der Fernsehverfilmung zu sein, in Punta Secca wurde das erste Caffè Montalbano eröffnet, in Ragusa Ibla serviert die Osteria la Rusticana Spezialitäten aus der Serie, und in Porto Empedocle, wo der Schriftsteller 1925 geboren wurde und über viele Jahre im Sommer in einer Bar Hof hielt, lehnt der

Ermittler, in Bronze gegossen, lässig an einem Laternenpfahl an der Hauptstraße. Die Hafenstadt von Agrigent ist das Vorbild von Vigata, dem Schauplatz der Romane, mit dem Porto Empedocle sich so begeistert identifiziert, dass man den Namen zeitweise aufs Ortsschild setzte. In den Buchhandlungen liegen neben den Krimis Reiseführer zu den „Lieblingsplätzen" des sinnenfrohen Ermittlers sowie Kochbücher mit den Rezepten seiner kulinarischen Leidenschaften aus. Fehlt nur noch ein Wörterbuch für sein deftiges Sizilianisch.

SCICLI Roberto, der „alternative" Reiseführer, der uns – mit zwei Ehepaaren aus der Nähe von Mailand – mehr als zwei Stunden lang das „unbekannte Scicli" zeigt, erzählt, dass er in Rimini Touristik studiert und dann eine Sizilianerin, „blond und mit grünen Augen", wie er zweimal betont, kennengelernt hat. Seit vierzig Jahren erforscht er die Insel; zu Fuß hat er sie sich erwandert, und dafür, dass es in Sizilien keine effiziente Industrie gibt und es auch sonst nicht so recht vorangeht, hat er eine freundliche Interpretation parat: Der Sizilianer sei, so sagt er, so sehr Individualist, oft auch Egoist, dass er sich nicht unterordnen und in einer Hierarchie arbeiten könne; das widerspreche einfach seiner Mentalität. Wie es dann aber sein kann, dass die Mafia über die Clans hinaus straff organisiert ist, vermag er nicht zu erklären. Scicli, seit 2002 Unesco-Weltkulturerbe, doch in den Reiseführern kaum vermerkt, ist nicht nur ein Hotspot für Krimifans. Die Barockstadt ist mit ihren prächtigen Kirchen und einer aus dem spanischen Burgos stammenden Christusdarstellung in der Kirche San Giovanni Evangelista, auf der Jesus einen eleganten weißen Unterrock trägt, auch für Kunsthistoriker ein Wallfahrtsort. Robertos Streifzüge führen an die Ränder der Stadt – auch an die sozialen, zu Bewohnern, die sich in Höhlen eingerichtet und diese mit Bretterverschlägen erweitert haben, Kampfhunde halten und mit rostigen Vespas, das Enkelkind vor den Bauch gebunden, durch die holprigen Gassen knattern. Sie lassen ein Italien „entdecken", wie Pier Paolo Pasolini es vor fünfzig Jahren beschrieben hat und die vier Urlauber aus der Lombardei es sich nicht haben vorstellen können. „Dass es das gibt, 2015, in Italien – nicht zu fassen!", entfährt es ihnen ein ums andere Mal.

VILLAROSA In der Zeitung steht eine Reportage über das „unterbrochene Sizilien": Will der Bürgermeister von Villarosa, einer Kleinstadt in der Provinz Enna, nach Caltanissetta, die nahe Hauptstadt der Nachbarprovinz, benutzt er dafür zwei Autos. Mit dem einen fährt er bis zur Brücke über den Salso, die seit einem Erdrutsch vor drei Monaten aus Sicherheitsgründen für Pkws gesperrt ist, überquert sie zu Fuß und steigt, drüben angekommen, in das andere Auto, das er dort geparkt hat. Achtzig Meter hin, achtzig Meter zurück. So würde er 116 Kilometer sparen, denn außenherum über die kurvenreiche Landstraße seien es 58 Kilometer. Und die anderen Einwohner des Ortes machen es genauso – etwa die Studenten, die nach Caltanissetta in die Hochschule müssen, oder der Apotheker, der dort wohnt und jeden Morgen herüberkommt. Viele bilden Fahrgemeinschaften. Wie eine Grenze wirkt die Brücke, die die Amerikaner gleich nach dem Zweiten Weltkrieg gebaut haben, und das sei sie im Grunde ja auch: eine Grenze zwischen zwei Provinzen und die letzte Station einer Insel, bewohnt von der Welt Entrückten.
Der belesene Reporter der *Repubblica* versäumt es nicht, auf „eine Koinzidenz der Geschichte" hinzuweisen, denn das sei ziemlich genau jene Stelle des Salso – der Fluss entspringt etwas weiter nördlich am Rande der Madonie und mündet bei Licata ins Meer –, die Goethe auf seiner *Italienischen Reise*

Schauder eingeflößt habe. Am Sonntag, dem 29. April 1787, notiert der Dichter in Castrogiovanni, wie Enna bis 1926 hieß: „Noch größere Fruchtbarkeit und Menschenöde hatten wir heute zu bemerken. Regenwetter war eingefallen und machte den Reisezustand sehr unangenehm, da wir durch mehrere stark angeschwollene Gewässer hindurchmussten. Am Fiume Salso, wo man sich nach einer Brücke vergeblich umsieht, überraschte uns eine wunderliche Anstalt. Kräftige Männer waren bereit, wovon immer zwei und zwei das Maultier mit Reiter und Gepäck in die Mitte fassten und so durch einen tiefen Stromteil hindurch bis auf eine große Kiesfläche führten; war nun die sämtliche Gesellschaft hier beisammen, so ging es auf eben diese Weise durch den zweiten Arm des Flusses, wo die Männer denn abermals durch Stemmen und Drängen das Tier auf dem rechten Pfade und im Stromzug aufrecht erhielten."

Das Städtchen Villarosa, ziemlich genau in der Mitte zwischen Palermo und Catania gelegen, und die nahe, unpassierbare Brücke auf der SS 121 erscheinen – so das Resümee des Artikels – als Symbol eines Sizilien, das auseinanderbricht: Eine von vier Straßen sei gesperrt, fünftausend von zwanzigtausend Kilometern, Brücken unpassierbar, Ausfahrten geschlossen und aus einfachen Kreuzungen seien Labyrinthe geworden. Die Autostrada A 19, seit ihrer Eröffnung 1970 die Hauptschlagader der Insel, die Catania und Palermo, die beiden größten Städte, in knapp zwei Stunden verbindet, ist seit Monaten zwischen Tremonzelli und Scillato unterbrochen. Ein Erdrutsch hat ein Viadukt so stark beschädigt, dass es abgerissen werden muss; die Umleitung führt serpentinenreich über die Berge.

Als wir ein paar Tage später in Tremonzelli abfahren und, weil es der etwas kürzere Weg zu sein scheint, nicht die ausgeschilderte Umleitung östlich der Autobahn, sondern die Straße westlich davon in Richtung Cerda nehmen, wird die vermeintliche Abkürzung zur holprigen Achterbahnfahrt über hitzeverformten und aufgeplatzten

Asphalt, bis es plötzlich nicht mehr weitergeht: „Straße geschlossen." Ein entgegenkommender Fahrer im Geländewagen kennt sich aus: „Doch, da können Sie passieren, bis Cerda kommen Sie durch, aber Sie müssen ganz langsam und vorsichtig fahren."

PORTICELLO Wir treffen Vincenzo, 65 Jahre alt, kariertes Hemd, offen bis zum untersten Knopf, stämmig, braungebrannt, kurze Haare. Seit fünf Jahren kommt er jeden Morgen um fünf Uhr an den Strand und reinigt ihn zwei, drei Stunden lang. – „Warum machen Sie das?" – „Weil ich gerne hier schwimme. Und weil ich mich, wenn ich zu Hause bleibe, doch nur mit meiner Frau zanke; die ist hysterisch." Seit acht Jahren ist Vincenzo Rentner, nach vierzig Jahren Berufstätigkeit konnte er mit 57 in den Vorruhestand gehen. Die ersten Badegäste kommen gegen sieben und wissen seine Arbeit zu schätzen. Aber niemand dankt es ihm. Auch die Kommune nicht. Vor zwei Jahren habe der Bürgermeister ihm ein Präsent versprochen, erzählt er, „doch bekommen habe ich nie etwas. Den grüße ich nicht mehr". Kinder hätten im vergangenen Jahr, so erzählt er stolz, für ihn gesammelt und ihm ein Geschenk gemacht, zwei Zeitungen hätten schon über ihn berichtet.

Im Sommer, wenn in der kleinen Bucht Hochbetrieb herrscht, fällt der meiste Müll an. Dann liest Vincenzo ihn auch abends auf – „drei, vier schwarze Plastiktüten werden immer voll". Die kauft er selbst und versucht, sie wiederzuverwenden. „Sonntagabends kommen oft Familien mit Campingtischen und -stühlen, die am Strand Picknick machen, mit mindestens drei Gängen, wie zu Hause. Denen lege ich dann die Müllsäcke so in den Weg, dass sie sie nicht übersehen können. Doch die meisten schmeißen ihre Plastikflaschen, Pappbecher und Essensreste trotzdem weiter in die Gegend. Dann räume ich das später weg. Aber ein paar haben es inzwischen kapiert. Einer muss ja mal anfangen."

2016

PALERMO Johann Wolfgang von Goethe kommt, so ist es der *Italienischen Reise* zu entnehmen, am 2. April 1787 mit dem Paketboot aus Neapel in Palermo an, empfindet – „ein höchst erfreulicher Anblick" – sofort das „größte Vergnügen" und ruft den Kalkklotz des Monte Pellegrino, der die Conca d'Oro, das Goldene Becken, die fruchtbare Ebene um die Stadt, im Westen fasst, als – und darauf bilden sich die Palermitaner bis heute viel ein – „das schönste aller Vorgebirge der Welt" aus. Während seines vierzehntägigen Aufenthalts preist der Olympier die Stadt in den höchsten Tönen: „Die Reinheit der Konture, die Weichheit des Ganzen, das Auseinanderweichen der Töne, die Harmonie von Himmel, Meer und Erde. Wer es gesehen hat, der hat es auf sein ganzes Leben."

Dem Selbstbewusstsein der Sizilianer tut das bis heute gut. In jeder Buchhandlung zwischen Messina und Marsala steht *Viaggio in Italia* in der vordersten Reihe. Auch in einer gekürzten Fassung, als *Viaggio in Sicilia*, die – in einem Anflug separatistischer Piraterie – nur die sechs Wochen vom 2. April bis zum 14. Mai 1787 auf der Insel und damit etwa hundert der 550 Seiten enthält, wird sie angeboten. Noch in Palermo, seiner ersten Station in Sizilien, schreibt Goethe am 13. April, nur zehn Tage nach seiner Ankunft, den bekanntesten, meistzitierten und von jedem Reiseveranstalter angeführten Satz über Sizilien: „Italien ohne Sizilien macht gar kein Bild in der Seele: Hier ist erst der Schlüssel zu allem." Die Gedenktafel, die im November 1977 am Flügel des Palazzo Butera angebracht wurde, in dem Goethe auf der Ecke zur Piazza Santo Spirito logierte, dankt es ihm: Als „der Dichter, der in der *Italienischen Reise* die Welt darauf hinwies, dass Sizilien wie ein Schlüssel ist, um Italien zu verstehen", wird darauf der Klassiker apostrophiert.

„Indem wir als Deutsche dieses Inselland betreten, scheint sich uns unablehnbar Goethes Genius zum Begleiter anzubieten.

Wir kreuzen mit jedem Gang die Spuren seines Weges, alle diese Namen waren uns schon vorher durch ihn vertraut; wir hatten diese Buchten und Berge durch ihn gesehen, bevor wir sie gesehen hatten", eröffnet Hugo von Hofmannsthal seinen Aufsatz *Sizilien und wir*, dem er das Schlüssel-Zitat voranstellt. „Der sizilianische Aufenthalt war die Krönung seiner Reise, und diese Reise war das große Erlebnis seines Lebens."

Von Stürmen und Delfinen begleitet, hat die Überfahrt damals vier Tage gedauert; heute braucht die Fähre eine Nacht. Die „klassische" Ankunft ist zur Ausnahme geworden, doch der bessere Zugang geblieben, denn die Stadt, die – wieder Goethe und noch so ein Widerspruch – „sehr leicht zu überschauen und schwer zu kennen ist", erschließt sich vom Hafen aus. Zwei große Straßen – von Nordosten nach Südwesten der Corso Vittorio Emanuele, auch „Cassaro", der vom Meer hinauf zum Normannenpalast läuft, und von Südosten nach Nordwesten die Via Maqueda, die vom Hauptbahnhof zum Teatro Massimo führt – durchschneiden die Altstadt und zerlegen sie in vier Viertel: La Loggia, La Kalsa, L'Albergheria und Il Capo. An den „Quattro Canti", den vier Ecken, wo sie sich treffen, wird die Kreuzung fast zum Kreis. – In den konkav geschwungenen Fassaden der frühbarocken Häuser stehen Brunnen, die Statuen – Allegorien der Jahreszeiten – tragen, darüber thronen die spanischen Vizekönige und über diesen die Schutzheiligen Cristina, Ninfa, Oliva und Agatha. – Stadt-Theater.

Vom Alten Hafen, den schon die Griechen angelegt haben, zum Normannenpalast und vom Hauptbahnhof zum Opernhaus – zwei Monumenten des Historismus – verlaufen die beiden Achsen: Längsschnitt und Querschnitt. Die Grenzen sind auch Orientierungskanten der Viertel, „das Innere hingegen", so Goethe, „verwirrt den Fremden". Kleine Plätze, krumme Straßen, dunkle Winkel und enge Gassen machen es schwer, sich zurechtzufinden. Im Unterschied zu anderen italienischen Städten wurde das historische Zentrum in Palermo nicht restauriert und gentrifiziert; kleine Leute, Arbeiter und Bedürftige wohnen hier noch, und die Besserverdienenden sind in die Vororte gezogen – ein Prozess, der sich gerade erst und ganz allmählich umkehrt.

In der Vucciria, dem ältesten Markt, nördlich des Alten Hafens, ist nicht mehr viel davon zu spüren. Das kleine Quartier hat bessere Zeiten gesehen; die Stände, die sich auf der Piazza Caracciolo und der sie durchquerenden Gasse noch halten, und die Anpreisungen der Händler werden als pittoreske Touristenattraktionen präsentiert. Und doch betritt, wer die fünfzehn Treppenstufen von der lauten, vierspurigen Via Roma, die mit Kinos, Boutiquen und Kaufhäusern das Viertel im Norden begrenzt, in die Vucciria hinabsteigt, eine andere Welt; eine andere Zeit. In ihrer Mitte, auf der Piazza Garraffello, wo die Kaufleute aus Barcelona, Genua und Messina ihre Logen hatten, sind die Palazzi mit eingerissenen Fassaden und abblätternden Tapeten genau in dem Trümmerzustand erstarrt, in den sie der Zweite Weltkrieg, der hier 1943 zu Ende ging, gebombt hat. Inzwischen sind Studenten und Alternative ins Viertel gezogen, die es nachts mit Rockmusik und Lichtorgeln zur Partyzone aufmischen.

In einigen der alten Tavernen wird der Gast wie ein Familienangehöriger behandelt; es wird gegessen, was auf den Tisch kommt, und wenn auf einmal eine neapolitanische (!) Kapelle in der Ecke aufspielt, gehört das nicht zur Bestellung. Die palermitanische Küche ist arm: Panelle, Fladen aus Kichererbsenmehl, Frittiertes und Innereien, wenn es für besseres Fleisch und Fisch nicht reicht, Pasta mit Sardinen und Rosinen oder mit Tomaten und Auberginen. Stigghiòla – Gedärme von Lamm oder Kalb – Pani ca' meusa – Brötchen mit Milz oder Lunge – und Arancine (nein, keine kleinen Orangen, sondern Reisbällchen, die, frittiert und gefüllt, wie Orangen aussehen) werden in der Altstadt an jeder zweiten Ecke serviert. Die Streetfood-Kultur ist hoch entwickelt und eine arabische Tradition, die gepflegt wird und die festen Essenszeiten, die auf dem Stiefel herrschen, schwelgerisch unterläuft. Die vielleicht originellste Antwort auf die Frage, was typisch sei für die Stadt, gibt die Lehrerin Maria Bordonaro aus Porticello: „Palermo ist die Stadt, die ständig isst. Selbst in ihren Gerichten beweisen die Sizilianer ihre Anpassungsfähigkeit. Von den Arabern bis zu den Bourbonen haben sie adoptiert, was am besten schmeckt."

Fliegende Händler, die Innereien brutzeln, stehen auch auf der anderen Seite des Corso Vittorio Emanuele, wo sich die Straße zur Piazza Marina öffnet, und greifen mit ihren Duftschwaden die teuren Restaurants am anderen Ende des Platzes an. Mit dem Giardino Garibaldi in seiner Mitte, einem kleinen Park, in dem ein märchenhaft-mächtiger Gummibaum Schatten spendet, ist es der erste Platz, den der Schiffspassagier betritt; der (heute sehr) feine Palazzo Butera, in dem Goethe logierte, liegt gleich um die Ecke. Die Piazza Marina ist abendlicher Treffpunkt und Plattform für Demonstrationen. Hier wurde 1909 der italoamerikanische Polizist Joe Petrosino von der Mafia ermordet, und heute wird hier die Gay-Parade abgehalten. Die Piazza Marina ist das Entree zur Kalsa, wo die Widersprüche der Stadt am stärksten aufeinanderprallen. Von Arabisch *al halisa*, die Auserwählte, kommt der Name; hier standen die Paläste der Emire, die wie alle Bauten der Araber von den Normannen plattgemacht wurden. Selbst ein besonderer Dialekt mit aspiriertem Anlaut hat sich bis heute gehalten. Vor dem Zweiten Weltkrieg war die Kalsa eine der feinsten Adressen, danach Elendsviertel, isoliert und No-go-Area, Hochburg der Mafia, aber auch des Widerstands gegen sie. Noch vor ein paar Jahren glich sie – groß und unförmig, doch mit einer Basilika in der Mitte – einer Müllkippe mit Grünstreifen, inzwischen ist es umgekehrt: mehr Rasen als Unrat. Das Viertel ist im Umbruch: Wo bis vor kurzem Menschen in Ruinen hausten, wird

renoviert, eingerissen, neu gebaut; Bars und Restaurants wurden eröffnet. Luxussanierte neben leerstehenden Adelspalästen, Renditeobjekte neben Relikten, Professoren neben Prekariat, Mülltrennung neben Müllkippen.

Auch das schönste und größte Kunstmuseum der Stadt hat hier, im Palazzo Abatellis, seinen Sitz, der im Stil der katalanischen Spätgotik 1490 errichtet, von 1526 bis 1943 vom Konvent der Dominikanerinnen benutzt und nach dem Krieg von Carlo Scarpa restauriert und zur Galleria Regionale della Sicilia umgewidmet wurde. Jedes seiner beiden berühmten Gemälde zu sehen, lohnt den Besuch: *L'Annunziata* von Antonello da Messina und *Il Trionfo della Morte* eines unbekannten Meisters des 15. Jahrhunderts, das etwas von Picassos *Guernica* vorwegzunehmen scheint. Dass der vielleicht beste Konzertsaal Palermos ganz in der Nähe ohne Dach dasteht, macht ihn für Roberto Alajmo zum Symbol für das Viertel und die ganze Stadt: Die Kirche Santa Maria dello Spasimo wurde im 16. Jahrhundert erbaut, nie vollendet und als Theater, Lager, Lazarett und Schuttablade genutzt, ehe sie schließlich ausgemistet und Mitte der Neunzigerjahre – zwei Essigbäume im Mittelschiff blieben stehen – zum Veranstaltungsort für Aufführungen und Konzerte wurde.

SANTA FLAVIA Antonio Cuffaro und seinen Geschwistern gehört das Restaurant Babilonia schräg gegenüber vom Bahnhof Santa Flavia/Solunto, einem kleinen, hellen Gebäude aus dem Modellbaukasten der staatlichen italienischen Eisenbahnen, das nachts hell erleuchtet ist. Auf dem Platz davor steht ein Denkmal von Francesco Paolo Perez (1812 bis 1892), einem Schriftsteller aus Palermo, der auf der Insel sehr präsent, aber mehr als Politiker denn als Literat bekannt ist: Als glühender Verfechter eines autonomen Siziliens gehörte er gleich zu

Beginn der Revolution vom März 1848, die von den Bourbonen nach einem Jahr wieder kassiert wurde, zu den Köpfen der verfassungsgebenden Versammlung.

Die meisten Züge rauschen hier durch; nur wenige halten. Das Lokal hat vorne eine Bar, daneben einen großen Speisesaal und eine überdachte Terrasse zur Straße. Die Küche ist einfach, gut, preiswert – etwas für unter der Woche. Betrieb aber herrscht vor allem am Wochenende, und auch dann nur am Abend. Dabei hat es – das ist eher selten –, von fünf Uhr früh bis zwei Uhr nachts geöffnet. „Vor zehn Jahren war es hier noch jeden Abend voll", erzählt Antonio, „da hatten wir – vier Brüder und eine Schwester – noch zwanzig Angestellte. Jetzt sind es noch fünf, darunter zwei Marokkaner, die Brüder Raduan und Mohammed ...

... Die beiden sind schon lange hier, gut integriert, sprechen Italienisch, sind fleißig", sagt Antonio, der sich genau erinnert, als sie ankamen: „Der eine schon 1993, da war er dreizehn, mit seinem Vater. Der kam jeden Sommer, handelte mit Kleinigkeiten, Feuerzeugen, Strandutensilien, Sonnenbrillen, Badelatschen, Strohhüten. Eine arme Socke, aber sehr tüchtig. Da drüben, auf der anderen Straßenseite, ist der Sohn gestanden, hat herübergeschaut und was gesagt. Ich hab nur verstanden, dass er einen Burger will. Später hat ihn der Vater hiergelassen, weil er uns vertraut und geglaubt hat, dass der Sohn hier gut aufgehoben ist und bessere Chancen hat. Wir haben ihn aufgenommen, meine Mutter hat ihm die Wäsche gemacht, er ist zur Schule gegangen. Heute kocht er – sizilianisch. Er ist einer von uns, fiebert für Italien, wenn die Nationalmannschaft spielt. Sein Bruder ist auch gut integriert, hält aber Distanz. Er kam 2001, auf Umwegen, über Brüssel, hat auf dem Rollfeld heimlich das Flugzeug gewechselt – eine Odyssee. Eines Abends hat er aus Rom angerufen, am nächsten Tag war er hier. Er hat in Marokko Familie, eine Frau und drei Kinder. Ich habe ihn oft gefragt, ob er sie nicht nachholen möchte, das wäre leicht möglich und keine große Sache. Aber das will er nicht." – „Und warum nicht?"

„Ja, das ist interessant", sagt Antonio: „Der wichtigste Grund ist, dass er, so sagt er, nicht will, dass seine Frau so herumläuft wie die Frauen hier: aufgemacht, geschminkt, mit offenen Haaren, ärmellosen Blusen, kurzen Röcken, nackten Beinen. Als Typ ist er hier sehr gefragt – er sieht ja gut aus. Er hat eine rumänische Freundin, und mit der ist er nicht so streng, da hat er überhaupt kein Problem damit – im Gegenteil! Zugleich hält er zur Familie in Marokko engen Kontakt, telefoniert und skypt fast jeden Tag mit der Frau und den Kindern. Und im Winter, von Anfang Dezember bis Mitte, Ende Februar fährt er für zweieinhalb Monate nach Hause."

TRAPANI Es ist der erste heiße Tag in diesem Sommer, der Scirocco fegt über den Westen Siziliens, das Thermometer schießt auf 45 Grad. An der Nordküste werden innerhalb von 36 Stunden fünfhundert Brandherde registriert. Das kann in dieser Häufung kein Zufall sein", erklärt Rosario Crocetta, der Präsident der Region Sizilien, und vermutet Machenschaften der Mafia dahinter. In Cefalù geht der Club Méditerranée in Flammen auf, in Palermo werden die Parks geschlossen und der öffentliche Nahverkehr eingestellt; über der Stadt brummen die gelb-roten Flugzeuge der Feuerwehr. Autobahnabschnitte werden gesperrt, Flüge umgeleitet und am Monte Pellegrino zweihundert Menschen aus ihren Häusern evakuiert. In Trapani bläst der sandige Wind der Sahara. Das Menü am Vorabend war üppig und schwer. Allein die schier endlose Folge an Antipasti hätte gereicht, um satt zu werden – und dann die köstlichen sizilianischen Dolci! Zu viel gegessen, zu wenig getrunken, Kreislaufprobleme, der Blutdruck im Keller. „Herzrhythmusstörungen", diagnostiziert die Ärztin an meiner Seite: „Da möchte ich doch, bevor wir weiterfahren, ein EKG sehen." Dagegen kann auch das abgedroschenste aller Vorurteile nichts ausrichten: „Aber das weiß doch jeder, dass die medizinische Versorgung je weiter südlich desto schlechter ist!" Also ab ins Krankenhaus.

Das Ospedale Sant'Antonio Abate liegt im neuen Teil von Trapani, in der Nähe der Talstation der Seilbahn, die hinauf nach Erice schwebt; eine moderne Bettenburg mit neun Geschossen, die die uniformen ockergelben Wohnblöcke des Neubauviertels, die hier auch nicht anders aussehen als in Palermo, Parma oder Pisa, überragt. Das Schild „Pronto soccorso" weist in eine Auffahrt, die an der Schmalseite des Gebäudes hinauf zur Notaufnahme führt; dass sie nicht nur mit Blaulicht, sondern auch zu Fuß erreicht werden muss, hat der Architekt damals offenbar nicht bedacht. Wir betreten das Krankenhaus durch den Haupteingang, wo das Gedränge von Patienten nicht erkennen lässt, ob und wie sie Schlange stehen. Ein älterer Herr beantwortet meinen fragenden Blick mit „Ich bin hier Arzt" und weist den Weg zur Notaufnahme: „Die Treppe hinauf, dann links durch die Tür; der Eingang liegt gegenüber."

Am „Triage", so das Schild über dem Empfang, ist nur einer vor mir. Noch ehe der Krankenpfleger im weinroten Kittel meine Personalien aufnimmt, misst er meinen Blutdruck, Puls und Sauerstoffgehalt: „Ist doch gar nicht so schlecht." Dann erfragt er Name, Vorname, Geburtsdatum, doch keine Adresse, nur „Germania" – und die Mobilnummer. Weiß, grün, gelb und rot sind die Farben der vier Dringlichkeitskategorien, die als Wege auf den Boden gemalt sind. Ich werde auf gelb, die zweithöchste, eingestuft und auf eine Liege verfrachtet, und schon schiebt mich eine Krankenschwester durch endlose Gänge, vorbei an Untersuchungs-, Kranken- und Wartezimmern, vor denen Patienten mit bandagierten Händen, Nasentamponaden, Augenbinden und ganz unarabischen Turbanen warten, in die Räume

der Notfallambulanz, wo mir ein EKG geschrieben, ein venöser Zugang gelegt, Blut abgenommen und eine Infusion mit einem Magenmittel angelegt wird. Die technische Ausstattung ist auf dem allerneuesten Stand.

Nach einer halben Stunde werde ich der diensthabenden Ärztin vorgestellt. Dottoressa Rosa Pollina, eine kleine, energische Mittvierzigerin, sitzt in einem winzigen Zimmer an einem winzigen Schreibtisch vor einem Computer und fragt mich, ob ich Italienisch verstehe und welche Beschwerden ich habe und betastet meinen Bauch. „Haben Sie Gallensteine?" – „Nein, nicht, dass ich wüsste!" – „Sind Sie das erste Mal in Sizilien?" – „Nein, das siebte oder achte Mal." – „Oh, das ist ja schön! Und woher in Deutschland kommen Sie?" – „Aus Köln." – „In Köln war ich noch nie. Im August war ich in Berlin." – „Und wie hat es Ihnen gefallen?" – „Wunderbar – eine ganz wunderbare Stadt!" Ihre Augen leuchten.

Dann schickt sie mich zum Kardiologen. Ich werde auf der Liege weitergefahren und in einen steril metallisch ausgeschlagenen Aufzug geschoben, in dem gerade noch Platz für die Krankenschwester ist, dann geht es durch kahle, fensterlose Gänge wieder vorbei an Patienten, die vor Behandlungszimmern sitzen, liegen, stehen. Auch beim Kardiologen muss ich nur kurz warten. „Was ist denn passiert?", fragt er, ein schwergewichtiger Guru mit grauem Bart, dem ein junger Kollege assistiert. Doch er kann offenbar nichts mit mir anfangen – also geht es den ganzen weiten Weg zurück in die Notaufnahme.

Von der Liege werde ich in einen Rollstuhl versetzt, der den Anschein akuter Altersschwäche nicht bestätigt, und – der Verdacht auf Gallensteine ist noch zu prüfen – zum Radiologen geschickt. Wieder an Patienten vorbei, wieder in den Aufzug, wieder einen endlosen kahlen Gang entlang. Der Radiologe, Dottore Aldo Manca, ein schlanker Mittfünfziger mit dunkler Filmstar-Brille, fragt wieder: „Was ist denn passiert?", macht eine Ultraschalluntersuchung und findet tatsächlich – „Gallensteine, viele, aber ganz kleine! – Je mehr man untersucht, desto mehr findet man," erklärt er mit leicht mokantem Unterton, und dann stehe ich wieder auf dem Gang, wo der nächste Patient bereits wartet. Er trägt – wir sind in Sizilien – Handschellen und wird von einem Carabiniere eskortiert, der während der Untersuchung vor der Tür wartet.

Ich werde zurück in den Überwachungsraum gefahren und an den Monitor gehängt. Mein Puls geht regelmäßig wie ein Schweizer Uhrwerk. An der Wand hängt ein Schild mit einem rot durchgestrichenen Mobiltelefon, doch keiner der sechs, sieben Patienten im Zimmer ist, sprechend oder simsend, nicht mit seinem iPhone beschäftigt. Zwei hinfällige alte Männer, die auf ihren Liegen ruhen, werden, so scheint es, von der ganzen Familie umringt, die sie liebkost, drückt, küsst und ihnen gut zuredet. Die Ansprache der Krankenschwester, die mit bemühter Strenge in die Tür tritt und ruft: „Meine Damen, meine Herren, ich bitte alle Angehörigen, den Raum zu verlassen und nebenan im Wartezimmer Platz zu nehmen!" bleibt, auch in der Wiederholung, eine rhetorische Übung.

Der junge Mann auf der Liege neben mir trägt ein T-Shirt, auf dem „Cool" steht und erzählt ins Telefonino, er habe Salmonellen im Blut. Als er mitbekommt, dass ich Deutscher bin, stellt er sich mit „Ich komme aus Bologna, das ist in Norditalien" vor. „Bei uns in der Nähe wird der Lamborghini gebaut. Seit Audi das Werk übernommen hat, sind die Produktionszahlen von dreihundert auf mehr als dreitausend im Jahr gestiegen – ganz großartig ist das! Da können Sie mal sehen, was möglich ist, wenn italienische Ideen und deutsche Organisation zusammenfinden." Als er kurz darauf entlassen wird, verabschiedet er sich mit großer Geste und zwinkert mir zu.

„Gallensteine – ich habs doch gesagt!", begrüßt mich Rosa Pollina beim Wiedersehen und reckt die zierliche Faust zur

Siegerpose. „Aber alle Blutwerte, besonders die Herzwerte sind in Ordnung. Um ganz sicher zu gehen, können wir Sie jetzt noch einmal zwei Stunden ans EKG hängen. Sie können Ihre Ferien fortsetzen. Was haben Sie denn als nächstes vor?" – „Eigentlich wollten wir heute einen Ausflug nach Favignana machen." – „Nach Favignana oder auch auf die anderen Ägadischen Inseln, nach Levanzo und Marettimo?" – „Ich dachte, vielleicht erst einmal nur nach Favignana. Aber eine ganz andere Frage: Wie mache ich das denn mit der Bezahlung? Bekomme ich eine Rechnung, akzeptiert das Krankenhaus Kreditkarten?" – „Sie bezahlen gar nichts. Solche medizinischen Leistungen sind in Italien kostenlos", belehrt mich Rosa Pollina. „Hier ist Ihre Klinikkarte mit allen Befunden, ich brauche nur zwei Unterschriften von Ihnen. Aber fahren Sie nicht nur nach Favignana, sondern auch zu den anderen Inseln. In Levanzo müssen Sie die Grotta del Genovese besuchen, da können Sie vorgeschichtliche Felszeichnungen sehen, die sind mehr als zehntausend Jahre alt. Das gibt es nur bei uns in Sizilien."

Um 10.26 Uhr hatte ich, so steht es auf meiner „Cartella clinica No. 2016015873", das Hospital betreten; mit zweieinhalb eng bedruckten Seiten, die alle Werte, Diagnosen und die Namen der mich behandelnden Ärzte und Krankenpfleger enthalten, wurde ich um 14.06 Uhr entlassen. Erst jetzt fällt mir auf, wie schön kühl es im Krankenhaus war. Vor der Tür hat sich der Scirocco gelegt; die Hitze staut sich. Es gibt weniger angenehme Möglichkeiten, in Trapani den ersten heißen Sommertag zuzubringen als im Ospedale Sant'Antonio Abate.

TRAPANI Ein Ehepaar aus Turin, Mitte bis Ende fünfzig, er mittelständischer Unternehmer, die Kinder studieren. „Da sind Sie doch sicher Juventus-Fan, wenn Sie aus Turin sind?" Das

144

scheint ein lockerer, sicherer Einstieg ins Gespräch. – „Aber nein! Nein! Von Torino!" – „Sicher eine Minderheit!" – „Nein, überhaupt nicht. In Turin selbst gibt es viel mehr Torino- als Juve-Fans." – Aber in Italien trifft man überall Juve-Fans; kein Verein ist so beliebt, gerade auch im Süden. Wenn man dann fragt, warum jemand Fan von Juventus und nicht von US Palermo ist, heißt es: ,Aber die verlieren doch immer!'" – „Genau. Und Juve gewinnt immer. Juve ist der ältere Club in Turin, 1893 von Studenten gegründet. Der FC Torino war, neun Jahre später, eine Gegengründung und verstand sich von Anfang an als Verein für die ganze Stadt – ohne jeden akademischen Dünkel. Heute ist Juve der Club von Leuten, die aufgrund ihrer sozialen Deklassierung und ihrer Minderwertigkeitsgefühle zu den Siegern gehören wollen, und davon gibt es in Italien sehr, sehr viele. Juve-Fan zu sein gibt dir das Gefühl, auf der Gewinnerseite des Lebens zu stehen, auch wenn es gar nicht so ist. Aber die Leute können sich das erfolgreich – und ohne größere Rückschläge – einbilden. Am Ende ist Juve fast immer Meister."

Später erzählt er, warum er und seine Frau in diesem Jahr den Urlaub in Sizilien verbringen, Flug nach Trapani, dann mit dem Leihwagen in drei Stationen nach Catania, von dort zurück nach Turin. „Früher sind wir jedes Jahr nach Lampedusa gefahren. Auf der Insel gibt es eigentlich nichts – kein Baum, kein Strauch, kein Schatten –, aber das Meer ist fantastisch. Die Isola dei Conigli ist der schönste Strand, den ich kenne. Aber, wenn ein Flüchtlingsboot gekentert ist, liegen dort hundert Leichen. Da kann man nicht mehr Urlaub machen."

MAZARA DEL VALLO Die letzte Stadt vor Afrika, gegründet von den Phöniziern im 5. Jahrhundert vor Christus. Aber auch sie hat einen Dom und andere normannische Kirchen, barocke

Paläste und eine schöne Piazza della Repubblica. An der Mündung des Flusses Mazaro sind im Jahr 827 die Araber gelandet, um Sizilien zu erobern; der Kern der Altstadt ist eine Kasbah. In dem Gewirr von Gassen, Gärten, Winkeln und Wohnhöfen sind die Nordafrikaner in der Mehrheit; ihre Moscheen, Gemeinden, Vereine und Männercafés bestimmen das Bild. „Nach Eintritt der Dunkelheit soll das Viertel nicht ganz ungefährlich sein": Diese Warnung aus der vorletzten Auflage des Reiseführers wurde inzwischen gestrichen. An einem heißen Sommersamstag ist nichts davon zu spüren; die Kasbah macht, an vielen Ecken frisch renoviert, einen herausgeputzten Eindruck.

Im größten Fischereihafen der Insel ist in den vergangenen Jahren ein bemerkenswerter Erneuerungsprozess in Gang gekommen. Initiiert hat ihn Bürgermeister Nicola Cristaldi, ein unkonventioneller Konservativer, der mit Baskenmütze und dickem Schnauzer den Habitus des Künstlers pflegt. An dem Street-Art-Programm, das er angeregt hat, sind Künstler, aber auch Kinder beteiligt. Ihre bemalten Kacheln und Sinnsprüche machen die Gassen zu Galerien, sprechen Themen und Geschichten der Stadt an. Der Bürgermeister mischt dabei tüchtig mit: Die Keramiken, Bilder und Skulpturen, die er unter dem Pseudonym Hajto kreiert, gestalten den öffentlichen Raum, werden in Ausstellungen gezeigt und auch vermarktet.

In der Mittagshitze lässt sich die Gelateria Mazara – an einer Ecke der Piazza della Repubblica – nicht übergehen, große, Augen und Gaumen lockende sizilianische Konditorkunst! Stolz reicht die gesprächige Besitzerin nach den gefrorenen Delikatessen einen Bildband über die Theke, in dem die Sehenswürdigkeiten, Prozessionen und Feste von Mazara del Vallo präsentiert werden, und erzählt begeistert vom Aufschwung der Stadt. An der nächsten Ecke fängt uns ein Rentner ab, der – „Das müssen Sie sich ansehen, der Eintritt ist frei" – den Weg zum nahen Teatro Garibaldi weist, einem von außen unscheinbaren, im

Innern putzig vornehmen Rangtheaterchen mit 99 Plätzen, das, in der Folge der Revolution von 1848 errichtet, ganz mit dem Holz alter Schiffe ausgekleidet ist. Ein paar Häuser weiter befinde sich eine Geschenkboutique, die er nur empfehlen könne. Sie gehöre seiner Frau, die „ein paar Jahre in Geilenkirchen gelebt hat, wo sie italienische Kinder in ihrer Muttersprache unterrichtete – aber sie ist lieber wieder nach Sizilien zurückgekehrt". Der größte Fang, der den Fischern von Mazara del Vallo ins Netz ging, ist der Satiro danzante – der tanzende Satyr, der, nachdem im Juli 1997 ein Bein von ihm aufgetaucht war, im März 1998 in fünfhundert Metern Tiefe auf dem Meeresgrund der Straße von Sizilien Tiefe entdeckt wurde. Die griechische Bronzestatue aus dem vierten vorchristlichen Jahrhundert wurde, nachdem sie 2003 in Rom erst im Palazzo Montecitorio, der Abgeordnetenkammer des Parlaments, dann in den Kapitolinischen Museen ausgestellt worden war, nach Mazara del Vallo zurückgegeben. Die Stadt hat dafür die Kirche Sant'Egidio zum Museum umgewidmet, wo sich der Satyr langsam um die eigene Achse dreht und kunstvoll mit Licht in Szene gesetzt wird. – Ein Sanktuarium für den Mythos.

SANTA MARGHERITA DI BELICE „Ach so, diesen Fehler haben wir schon ein paar Mal gemacht – wir sind eben typische Deutsche: Kommen hier um kurz vor ein Uhr an, und Sie machen gleich Mittagspause, wie schade! Und haben dann wie lange geschlossen?" – „Bis um vier." – „Aber, in zehn Minuten wird sich das Museum ja kaum besichtigen lassen ..." – „Wenn Sie noch herein wollen, bleibe ich länger. Das mache ich gerne", sagt der freundliche Cerberus, der im Palazzo Filangeri di Cutò an der Museumskasse sitzt: „Ich kann Ihnen die Räume zeigen, und auch den Saal nebenan, das Teatro

Sant'Allessandro, in dem jedes Jahr der Premio Lampedusa verliehen wird."

Der Museumswärter ist sicher kein Akademiker, aber den *Gattopardo* kennt er in- und auswendig. Keine Gelegenheit lässt er aus, ihn als das beste, bekannteste und bedeutendste Werk der italienischen Literatur zu preisen. Das Haus, das er hütet, ist das Vorbild eines der Schauplätze – der Sommerresidenz des Fürsten Salina, Don Fabrizio Corbèra, dessen Dynastie im Wappen den Ozelot führt. Im Roman heißt der Palast, in dem Giuseppe Tomasi di Lampedusa in seiner Kindheit und Jugend die Ferien verbracht hat, Donnafugata – nicht zu verwechseln mit (und doch nicht unähnlich) dem Palast und Ort dieses Namens in der Provinz Ragusa, einer anderen Inspirationsquelle des Schriftstellers, wo Luchino Visconti auch Szenen der Geschichte gedreht hat.

Die Beschreibungen des Gebäudes, die Tomasi di Lampedusa in dem Roman *Il Gattopardo* und in seinen *Kindheitserinnerungen* (auf Deutsch in dem Band *Die Sirene,* Erzählungen) gibt, sind auffallend kongruent und ergänzen einander. „Der Palast der Salina grenzte an die Mutterkirche. Seine langgezogene niedrige Fassade mit den sieben auf den Platz hinausgehenden Balkonen ließ die über zweihundert Meter sich dahinter erstreckende Unermesslichkeit nicht vermuten; es waren Gebäude verschiedenster Stilrichtungen, jedoch harmonisch um drei große Innenhöfe angelegt, die in einen riesigen, ringsum von Mauern umgebenen Garten übergingen", heißt es im Roman. Dabei war es nur eines von vier „Nebengebäuden auf dem Lande" des Hauses in Palermo, die „seine Faszination noch vermehrten", erklärt Tomasi in den Erinnerungen „an ein verlorenes Paradies", die erst 1961 postum veröffentlicht wurden: „Das bevorzugte Haus war das von Santa Margherita, in dem man lange Monate verbrachte, auch im Winter. Es war eines der schönsten Landhäuser, die ich je gesehen habe. 1680 erbaut, wurde es um 1819 anlässlich des sehr langen Aufenthalts von Ferdinand IV. und seiner Gemahlin Maria Carolina vom Fürsten Cutò vollständig erneuert: In jenen Jahren waren die Monarchen gezwungen, in Sizilien zu residieren, während in Neapel Murat herrschte. Nachher jedoch wurde es nicht verlasen und aufgegeben, wie es stattdessen bei allen anderen sizilianischen Häusern der Fall war, sondern ständig gepflegt, restauriert und bereichert, bis hin zu meiner Großmutter Cutò, die bis zu ihrem zwanzigsten Lebensjahr in Frankreich aufgewachsen war und dadurch nicht die sizilianische Abneigung gegen das Leben auf dem Land geerbt hatte."

Wie der Stadtpalast in Palermo ist auch das Landhaus in Santa Margherita zerstört worden, doch nicht von amerikanischen Bombern im Zweiten Weltkrieg, sondern von dem Erdbeben, das am 15. Januar 1968 das Belice-Tal heimsuchte und rund neunhundert Menschenleben forderte. Von Santa Margherita hat es wenig mehr als einen Geröllhaufen übrig gelassen. Der kleine Ort, abseits zwischen Feldern und Weinbergen gelegen, ist bis heute davon gezeichnet: Barockmauern grenzen an schnell hochgezogene Betonkästen, (Neu-)Bauruinen überragen den geflickten historischen Bestand.

Auf der kahlen Piazza Matteotti hält eine lebensgroße Bronzestatue des Autors – wie die von Leonardo Sciascia in Racalmuto (oder die von James Joyce in Triest) – die Stellung, und das von der Literatur geadelte Landhaus ist kaum mehr als eine Kulisse dessen, was Tomasi di Lampedusa in seinen *Kindheitserinnerungen* beschreibt: „Es stand mitten im Dorf, genau an der schattigen Piazza, es erstreckte sich unendlich weit und zählte mit großen und kleinen Räumen dreihundert Zimmer. Es vermittelte die Vorstellung einer geschlossenen, sich selbst genügenden Anlage, einer Art Vatikan, um genauer zu sein, die Repräsentationsgemächer in sich schloss, Aufenthaltsräume, Gästebereiche für dreißig Personen, Räume für die

Dienerschaft, drei riesige Innenhöfe, Stallungen und Remisen, ein Theater und eine Kirche, einen weitläufigen, wunderschönen Landschaftsgarten und einen Nutzgarten."

So war es damals. Und heute? – Das Treppenhaus, wo große Schwarz-Weiß-Fotos an den Wänden hängen, bewahrt noch die Größe; nur ein Saal ist zu besichtigen, in dem Wachsfiguren Szenen und Situationen aus dem Film nachstellen. Don Fabrizio und seine Frau Stella stehen sich in steifen Posen gegenüber, Hochwürden Padre Pirrone ist, mit Rosenkranz in der rechten und Bibel in der linken Hand, zum Gebet auf die Knie gesunken. Sogar die Dogge Bendicò streckt sich auf den Fayencen aus – ein biederes und gefälliges Arrangement, Kopie einer Kopie. Die Liste der Träger des Premio Lampedusa, der seit 2003 jedes Jahr im August verliehen wird, enthält große Namen: Tahar Ben Jelloun (2004), Kazuo Ishiguro (2009), Amos Oz (2012) oder Mario Vargas Llosa (2013) gehören zu den Schriftstellern, die für den Preis nach Santa Margherita di Belice gekommen sind. Heute finden im Teatro Sant' Alessandro, wo der junge Giuseppe Tomasi zum ersten Mal *Hamlet* gesehen hat und damals jeden Abend gespielt wurde, nur noch selten Vorstellungen statt.

Jede *villeggiatura* begann, das gebot die Tradition, für den Fürsten Salina und seine Familie mit dem Besuch der Kirche: „Die Kutschen mit der Dienerschaft, den jüngeren Kindern und Bendicò fuhren direkt zum Palast, die anderen jedoch mussten, wie es ein uralter Brauch verlangte, in der Mutterkirche einem *Te Deum* beiwohnen, ehe sie den Fuß ins Haus setzten. Dieses war ja auch nur ein paar Schritte entfernt, also begab man sich in feierlichem Zuge dorthin, staubig, aber majestätisch die Neuankömmlinge, funkelnd, aber untertänig die Notabeln", schreibt Tomasi im *Gattopardo*. Zum Aussehen des Gebäudes geben die *Kindheitserinnerungen* genauen Aufschluss: „Es gab auch noch die Kirche, und die war der Dom von S. Margherita", heißt es dort. „Die Kirche selbst war groß und schön, erinnere ich mich, im Empire-Stile, mit ausladenden, hässlichen Fresken, die in die weißen Stuckarbeiten des Plafonds eingefasst waren, so wie sie in der Olivella-Kirche in Palermo anzutreffen sind, der sie glich, nur in klein." Auch sie hat das Erdbeben zum Einsturz gebracht. Heute dient sie, in einer modernen, die Zerstörungen reflektierenden Weise wiederaufgebaut, als Museo della Memoria: Vitrinen mit Objekten, die aus den Trümmern geborgen wurden, und Schautafeln mit Fotos, Zeitzeugenberichten von Überlebenden und Zeitungsartikeln erinnern an die tragische Nacht des 15. Januar 1968, in der die vierzehn Gemeinden im Belice-Tal verwüstet wurden.

„Wenn Sie einen sehr schönen Ort kennenlernen möchten", sagt ein älterer Herr in der Bar fast entschuldigend, „müssen sie sich Sambuca di Sicilia ansehen, das ist nur wenige Kilometer von hier und wurde gerade zum *borgo dei borghi*, zum ‚schönsten Dorf Italiens', gekürt." – „Ach ja? Uns wurde erzählt, das sei Gangi gewesen?" – „Gangi? Ja, Gangi auch, aber das war schon vor zwei Jahren. Die schönsten Dörfer Italiens sind eben in Sizilien."

AGRIGENT Ein Ort, an dem sich das Leben des sizilianischen Adels erkunden und – für ein paar Urlaubstage – ein wenig nachleben oder gar nachfühlen lässt, ist die Fattoria Mosè in der Nähe von Agrigent, Landgut des Barons Francesco Agnello, der 1958 mit seiner Familie von Agrigent zurück nach Palermo gezogen ist und die Fattoria als Sommerresidenz behalten hat. Agrigent, früher Girgenti, griechisch Akragas, Heimat des Empedokles, ist von Bausünden entstellt. Wie ein Vorhang aus Beton scheidet eine Phalanx von Hochhäusern die Altstadt oben auf der Felshöhe vom Tal der Tempel. Das „Dorf" zu Füßen der Fattoria, Villaggio Mosè – einst eine Siedlung für Arbeiter der

Schwefelgruben – ist ein hässlich aufgeschwemmtes Kaff, wo es aussieht wie an der Peripherie von Catania oder Neapel: Eine breite, schattenlose, chaotisch bebaute Durchgangsstraße, welche Geschäfte, Werkstätten, Super- und Baumärkte, Fastfood- und andere Restaurants, Tankstellen und Hotels säumen – nichts wie durch und fast am Ende links hinauf auf den Hügel, wo einen die Fattoria das schnell wieder vergessen lässt. Eine Insel der Vergangenheit; Echo einer anderen Zeit.

Seit fünf Generationen befindet sich das Landgut im Familienbesitz. Das älteste Gemäuer stammt aus dem Mittelalter, das Haupthaus mit den drei hohen Geschossen aus dem späten 18. Jahrhundert. Im Krieg zerstört, wurde es denkmalgerecht wiederaufgebaut. Heute führt Chiara Agnello, eine der beiden Töchter des Barons, die Fattoria als „Agriturismo biologico", wo sie von März bis Oktober Zimmer und Apartments vermietet und bis zu dreißig Gäste aufnehmen kann. Daneben läuft der Bauernhof weiter, Wein, Getreide, Oliven, Südfrüchte, Gemüse, Nüsse, Mandeln, Pistazien, Honig, Pferde, Esel, Geflügel. Hunde und Katzen. Die selbst eingekochten Marmeladen und Säfte stehen auf dem Frühstücksbuffet, das Gemüse und das Extra Vergine verfeinern das Abendessen, das die Padrona hingebungsvoll zubereitet. Eine einfache, abwechslungsreiche, schmackhafte Landküche. Was sie am Morgen gekocht hat, kommt am Abend auf den großen Tisch vor dem Haus, an dem die studierte Architektin, breit gebildet und in mehreren Sprachen bewandert, ihre Gäste wie eine große Familie versammelt und die Gespräche bis tief in die Nacht dauern können.

Zwanzig ihrer Rezepte lassen sich nachlesen (und vielleicht auch nachkochen) in einem Buch ihrer älteren Schwester Simonetta, *Un filo di olio*, das 2011 (und 2014 unter dem Titel *Ein Hauch Olivenöl* auch auf Deutsch) erschienen und in Italien ein stiller Bestseller ist. Darin erzählt Simonetta Agnello Hornby von den unbeschwerten Sommern ihrer Kindheit, die sie in den

Fünfzigerjahren, als der Wohlstand der Familie zu schmelzen begann, mit den Eltern, Tanten und Onkeln, Cousins und Cousinen auf dem Landgut verbracht hat; von den „unendlich vielen Arten", Tomatensugo zuzubereiten, von den Dolci und Sorbets – und auch davon, wie ihr Vater mit dem Auto ins fünfzehn Kilometer entfernte Porto Empedocle fuhr, wo eine Pasticceria die besten *pezzi duri* zauberte – ein Halbgefrorenes, das es in fünf Sorten gab: Schokolade, Haselnuss, Torrone, Caffè, Pistazie. Die Fattoria wird zum Sehnsuchtsort der Autorin, die seit 1972 in London lebt und dort als Jugendrichterin gearbeitet hat, doch immer wieder hierher zurückkehrt. Erst 2000, mit Mitte fünfzig, hat Simonetta Agnello Hornby angefangen, Bücher zu schreiben, und seitdem ein gutes Dutzend Romane vorgelegt, die in viele Sprachen übersetzt wurden; Erinnerungen an ihre Kindheit und Jugend auf Sizilien.

Die Sommerresidenz bei Agrigent ist ein sprechender Hinterbliebener dieses Lebens, den der geschmackvolle Reichtum und die ausgesuchte Eleganz seiner Interieurs zum Zeugen einer verlorenen Zeit machen. Vor allem die beiden großen Salons – einer im Erd-, der andere im ersten Obergeschoss – stilvoll eingerichtet mit Fauteuils und Ledersesseln, Glasschränken voller Geschirr, Gemälden, Spiegeln, Lampen und einem Kamin lassen einen in eine vergangene Welt eintauchen. Die Gäste sind eingeladen, in den Regalen voller Bücher, Reiseführer, Zeitschriften und Folianten zu stöbern und zu schmökern; kein Fernsehgerät stört. Das Radio ist ein Museumsstück aus den Nachkriegsjahren, genauso wie die Traktoren und Landmaschinen, die in den Ecken der Höfe und Durchgänge oder neben dem Aufgang in die private Kapelle stehen.

Allein die Piscina, von relativ bescheidener Größe und in „gesundem", unsichtbarem Abstand zum Haus, ist ein Nachzügler und erscheint als Fremdkörper der Gegenwart; als ein Zugeständnis an den „Standard" des Massentourismus. Von der

Pracht der Historie in den Schatten gestellt und beschämt, wirkt sie wie eine Banalität.

PORTICELLO Wir treffen Gerhard Linsel, Anfang sechzig und Rentner, der in Porticello seinen Ruhestand verbringt. Das erste Mal nach Sizilien kam er im Mai 2014, um Urlaub und einen Sprachkurs zu machen. Seine Verbindung mit der Insel aber geht fast vierzig Jahre zurück: „Ich hatte während des Studiums eine Freundin, die war aus Messina. Sie ist dann zurückgegangen, wir haben uns aus den Augen verloren. Aber ich habe nie vergessen, mit welcher Begeisterung, ja, Leidenschaft sie immer von Sizilien erzählt hat. Das ist mir bis heute präsent." Die vier Wochen haben ihm gut gefallen, „das Land, das Meer, die Menschen", sodass er am liebsten geblieben wäre. Im Januar ist er wiedergekommen und hat eine Wohnung gemietet, Italienischunterricht genommen, zweimal die Woche, Einzelstunden. Erstmal für ein Jahr, „auf Probe".

„Ich bin der Gerhard, ich komme aus Deutschland, und ich möchte hier bei euch in Sizilien leben", so hat er sich, erzählt er, bei den Nachbarn vorgestellt. Das sei gut angekommen: „Die haben mich ganz toll aufgenommen. Vom ersten Tag an. Auch wenn sie es nicht verstanden und manche mich angeschaut haben, als würde der Papst morgen heiraten. Die haben sich um mich gekümmert, mich eingeladen, mir Essen vorbeigebracht. Wenn sie Verwandte zu Besuch hatten, haben sie gerufen, ich solle mal rüberkommen, sie wollten mich mit ihren Kindern, den Onkeln und Tanten, Nichten und Neffen bekannt machen. So viel Freundlichkeit, eine solche Gastfreundschafft hatte ich nicht erwartet. Das kannte ich aus Deutschland auch gar nicht. Die haben mir beide Hände gereicht, damit ich mich hier zurechtfinde und mich wohlfühle."
Die Entscheidung, in Sizilien zu bleiben, stand nach fünf, sechs Monaten fest. Fast vierzig Jahre hatte Gerhard beim Kaufhof

und bei der Metro in Köln gearbeitet, war aufgestiegen zum Abteilungsleiter im Verkauf – „immer in Anzug, Hemd und Krawatte, die brauch ich jetzt nicht mehr, hier laufe ich nur im T-Shirt rum". Mit sechzig ist er in den Ruhestand gegangen. Nach dem einen Jahr auf Probe ist er Ende Januar 2016 noch einmal für drei Monate nach Deutschland zurückgekehrt, hat seine Mietwohnung in Koblenz aufgelöst, seine Eigentumswohnung in Stuttgart verkauft und den Container für den Umzug bestellt. In Porticello hat er ein Haus mit drei Etagen gefunden, das er ganz mit seinen Möbeln einrichten konnte, obwohl er nur eine Etage gemietet hat. „Da hab ich Glück gehabt, das Haus war lange leer gestanden, und die Eigentümerin, eine junge Frau, die von hier stammt und in Palermo wohnt, hatte niemanden gefunden." Aber die Vermieterin hätte auch Glück mit ihm: „Die hat mir gesagt, sie sei ja so froh, dass sie mich als Mieter hat und jeden Monat pünktlich von einem deutschen Konto aus die Miete überwiesen bekommt."

Viele in Porticello hätten sich gewundert über seine Entscheidung, hier zu leben. Aber alle hätten es akzeptiert. Nur eine Verkäuferin in der Bäckerei habe immer wieder damit angefangen, „vielleicht auch deswegen, weil sie einmal ein Jahr in Deutschland gelebt hat: ‚Aber Gerhard, warum machst du das, wie kommst du dazu? Bei euch in Deutschland funktioniert doch alles, und hier funktioniert nichts. Versuch doch mal, das zu erklären.'" Erst als sie ihn das ein paar Mal gefragt hatte, hätte er einen leisen Vorwurf herausgehört, für den er lange keine Erklärung fand. „Ihr Problem war, dass sie dachte, ich würde hier einem Sizilianer den Arbeitsplatz wegnehmen. Als ich dann gesagt habe, dass ich Rentner bin und machen kann, was ich will, war sie beruhigt und hörte auf, mich darauf anzusprechen. Seitdem ist sie wie ausgewechselt. Wenn ich heute jemanden kennenlerne, sage ich immer gleich dazu, dass ich Rentner bin."

PALERMO Es gibt keine Zeitzeugen mehr. Niemanden, der aus eigener Erinnerung Auskunft geben könnte, wie es in dem Palais, in dem Giuseppe Tomasi di Lampedusa (1896 bis 1957) bis zu seinem 47. Lebensjahr wohnte, ausgesehen hat. Am 5. April 1943 wurde der Adelssitz der Familie in der Altstadt von Palermo, nahe der Kirche San Domenico, von einem amerikanischen Luftangriff in Schutt und Asche gelegt. Da war in Sizilien das Ende des Zweiten Weltkriegs bereits absehbar. Im Januar hatten die Alliierten die „Operation Husky" beschlossen, am 10. Juli landeten ihre Truppen an der Südküste. Knapp zwei Wochen später nahmen sie Palermo ein. Auch Gioacchino Lanza Tomasi, der 1934 geborene Adoptivsohn und Erbe des Schriftstellers, dessen Familie erst nach dem Krieg nach Sizilien kam, hat den Palast nicht mehr kennengelernt.

Was überliefert ist, sind Beschreibungen, auch ein paar Fotos, Luftaufnahmen, Dokumente. Die genauesten und aufschlussreichsten stammen von Tomasi di Lampedusa selbst, der in seinen *Kindheitserinnerungen* die Orte porträtiert, an denen er aufgewachsen ist; insbesondere das Geburtshaus in der Via Lampedusa 17, „in einer der abgelegensten Straßen im alten Palermo", dem er sieben um zwei Skizzen ergänzte Seiten widmet: „Vor allem unser Haus. Ich liebte es mit absoluter Hingabe. Und ich liebe es noch jetzt, obwohl es seit zwölf Jahren nur mehr eine Erinnerung ist." Denn „alles", so führt er wenig später aus, „gefällt mir an ihm: die Asymmetrie seiner Mauern, die Ausmaße seiner Salons, die Stuckarbeiten an seinen Plafonds, der üble Geruch in der Küche meiner Großeltern, der Veilchenduft im Ankleidezimmer meiner Mutter, das Stickige seiner Ställe, das schöne Empfinden von sauberem Leder in der Sattelkammer, das Geheimnis bestimmter, nie fertig gewordener Wohnungen auf der zweiten Etage, der riesige Raum der Remise, in der die Kutschen aufbewahrt wurden – das alles war eine Welt voll freundlicher Geheimnisse, voll immer neuer und immer zärtlicher Überraschungen."

Eine untergegangene Welt. Etwas Silberbesteck und erlesenes Porzellan, ein paar Gemälde, Landschaftsbilder wie auch Porträts und die achttausend Bände umfassende Bibliothek ist alles, was gerettet und in die Nachkriegsresidenz des Schriftstellers, die, wie er betont, „nicht wirklich mein Haus ist", verbracht wurde, einen Palast in der Via Butera, in dem heute sein Adoptivsohn lebt. Nach dem Krieg bestand für etwa zehn Jahre, genau weiß man es nicht, eine Fabrik für Klinker und Kacheln auf dem Trümmergrundstück, dann wurde es aufgegeben. Bäume und Sträucher, auch Müll und Abfall überwucherten es. Die Ruinen des Hauses, in dem der Autor des Jahrhundertromans *Il Gattopardo* geboren wurde und, „vielleicht sogar im selben Zimmer, so dachte ich froh und war mir gewiss", auch sterben würde, schwärten als offene, wenig bekannte Wunde im geschundenen Stadtkörper. Was als Ort für ein Literaturhaus oder eine Künstlerresidenz prädestiniert schien, war jahrzehntelang dem Verfall anheimgegeben. Bis sich 2010 ein Konsortium von 35 Bürgern zusammenfand, um unter der Federführung von Architekten des Studios PL5 den Wiederaufbau anzugehen – nicht mit einer Replik des Originals, aber doch mit einem Gebäude, das ihm nahekommt und angemessen nachfolgt.

Das Grundstück misst tausendsechshundert Quadratmeter, der Palazzo verfügte über eine Wohnfläche von dreitausend Quadratmetern; im Vergleich dazu nimmt sich die Villa von Thomas Mann in Pacific Palisades wie ein bescheidener Sommersitz aus. Die Gruppe, die 10,5 Millionen Euro investierte, stellte sich die Aufgabe, einen Adelssitz in eine Wohnanlage mit 37 Einheiten zu verwandeln, ohne die Kubatur und die Außenmaße zu verändern. Der „konservative" Ansatz, auf den sie sich nach langen Diskussionen einigte, unternimmt eine Gratwanderung: Einerseits, möglichst viel zu erhalten, die verbliebenen Pfeiler- und Mauerreste einzubeziehen und den Unterschied von Alt und Neu offenzulegen, andererseits eine Nutzung zu ermöglichen, die höchste Ansprüche erfüllt, sodass fünf Treppenhäuser mit Aufzügen eingefügt wurden. Der zu siebzig Prozent erhaltene Südflügel, in dem der Autor mit seinen Eltern wohnte, wurde restauriert, der demolierte Nordflügel, in dem die Großeltern väterlicherseits lebten, neu aufgebaut.

„Ein Flügel nur von uns bewohnt, ein anderer von den Großeltern väterlicherseits, die zweite Etage von meinen unverheirateten Onkeln, stand mir das Haus mit seinen drei Innenhöfen, seinen vier Terrassen, seinem Garten, seinen immensen Treppen, seinen Gängen und Korridoren, seinen Stallungen, den kleinen Zwischengeschossen für die Dienerschaft und für die Administration zwanzig Jahre lang ganz zur Verfügung – ein wahres Königreich für einen Jungen allein, ein leeres oder gelegentlich auch von liebevollen Gestalten bewohntes Königreich", beschreibt Giuseppe Tomasi das Anwesen, dessen sechzig Meter lange Fassade von neun Balkonen gegliedert war, aber nichts hatte, wie er betont, „was architektonisch von Wert war".

Ein Jahr lang haben die Architekten die Geschichte des Ortes recherchiert, Quellen und Fotoalben studiert, um seine verschiedenen Schichten zu bestimmen: Bebaut war dieser Teil der Stadt schon unter arabischer Herrschaft im 11. Jahrhundert, die ältesten Teile der Liegenschaft stammen vom Ende des 16. Jahrhunderts; in den Besitz der Familie Lampedusa, die es ausbaute und modernisierte, kam es spätestens 1746, doch schon 1848 fehlten ihr die Mittel, sodass ein Bombenschaden aus der Zeit der bourbonischen Belagerung erst 1866 behoben wurde.

Der Palazzo symbolisiert, mit Spiegelsaal und neun Salons, den Reichtum und den aufwendigen Lebensstil des Adelsgeschlechts, aber auch dessen Niedergang, wie er von Don Fabrizio, Urgroßvater von Giuseppe Tomasi und Vorbild des *Gattopardo*, beobachtet und mit seinem Tod (1885) unaufhaltsam wurde. Schon zu Beginn des 19. Jahrhunderts hatte die Familie Lehensgüter verloren, und 1920 sah sich Don Giulio, der

Vater des Schriftstellers, gezwungen, den Nordflügel an das städtische Gaswerk zu vermieten. „Die von jenseits des Ozeans eingeschleppten Bomben, die das Haus heimsuchten und zerstörten", vernichteten die letzte Bastion der Familie. Dieser Verlust sei, so Gioacchino Lanza Tomasi, für seinen Adoptivvater „der Schmerz seines Lebens" gewesen, auf den er in den Erzählungen immer wieder zu sprechen kommt; ein Trauma, ohne das er *Il Gattopardo* wahrscheinlich nicht geschrieben hätte.
Im sechsten Kapitel des 1958 posthum veröffentlichten Romans nimmt Giuseppe Tomasi di Lampedusa in einem berühmten, weit vorausblickenden Einschub, der den biografischen, von 1860 bis 1910 reichenden Erzählrahmen sprengt, Bezug darauf. Wenn Don Fabrizio, der „steif und schwer in der Tür stand", in der berühmten Ballszene das „Wechselspiel von Funkeln und Schatten" beobachtet, wird ihm schwer ums Herz, und die Menge der Tänzer kommt ihm bald unwirklich vor: „An der Decke schauten die über goldene Wolkenbänke geneigten Götter lächelnd herunter, unerbittlich wie der Sommerhimmel. Sie wähnten sich ewig: eine in Pittsburgh, Pa., hergestellte Bombe sollte ihnen 1943 das Gegenteil beweisen."
In dem wiederauferstandenen Palazzo lächeln und leben keine Götter mehr. Das Deckenfresko einer Kuppel konnte freigelegt und restauriert werden, doch schmücken es nur florale Motive. Der Neubau kann und möchte seine Funktion als Luxusimmobilie nicht verhehlen; vor allem die Entscheidung, nicht den hier vorherrschenden gelben Naturstein zu verwenden, sondern weißen Putz aufzutragen und Pfeiler und Fensterereinfassungen in hellem, neutralem Grau zu halten, verstärkt diesen Eindruck. Oder, so betonen die Architekten: Ein Projekt, etwa ein Museum, bei dem die öffentliche Hand der Bauherr gewesen wäre, hätte anders ausgesehen.
Die Umwandlung in eine Wohnanlage mit 37 zwischen hundert und vierhundert Quadratmeter großen Appartements lässt

eine Besichtigung der Innenräume nicht zu. Von deren historischer Pracht ist nicht viel geblieben – Fotos zeigen moderne, großzügig-elegante Ausstattungen im internationalen Stil. Doch es bedeutet bereits einen Gewinn, dass das Geburtshaus von Giuseppe Tomasi di Lampedusa wieder sichtbar und ein Stück Stadtreparatur geleistet ist. Wie es an den benachbarten Palazzo Branciforte anschließt, den die Mailänder Architektin Gae Aulenti 2013 für die Fondazione Sicilia hergerichtet hat, trägt es zur Revitalisierung der Altstadt bei, die an vielen Stellen noch immer von Leerstand, Zerfall und Vernachlässigung gezeichnet ist. Der Genius loci hat wieder ein Gehäuse. Auch eine Einladung an den Leser des *Gattopardo*, es mit seinen Vorstellungen zu füllen.

PALERMO „Sagen Sie ja nichts Schlechtes über mein Ristorante!", sagt der Wirt der kleinen Trattoria in einer Seitengasse des Corso Vittorio Emanuele nahe den Quattro Canti plötzlich auf Deutsch, als er mich telefonieren hört, und grinst. Ein Gewölbe aus dem 16. Jahrhundert, dicke Mauern, früher ein Warenlager, an der Wand eine Reproduktion von Renato Guttusos berühmtem Gemälde *La Vucciria,* dessen Original keine zwei Kilometer entfernt im Palazzo Chiaramonte hängt, rechts daneben, auf einen Vorsprung der Wand gestellt, das bekannte Foto von Giovanni Falcone und Paolo Borsellino, auf dem sie sich einander zuneigen und über einen Witz lachen, links daneben ein Glasrahmen mit den Modellen der drei aktuellen Trikots der US Palermo, mit den Vereinsfarben Rosa und Schwarz in verschiedenen Mustern und Kombinationen. Im Nebenraum eine kleine Gesellschaft; vorne bin ich der einzige Gast.

„Wo haben Sie Deutsch gelernt?" – „In Bamberg, da hab ich achtzehn Jahre gelebt. Auf unserer Hochzeitsreise haben meine Frau und ich dort meine Cousins besucht; eine wunderschöne

Stadt, ich hab mich sofort in Bamberg verliebt. Wir hatten ein Restaurant dort, es ging uns gut. Den Italienern in Deutschland geht es überhaupt sehr gut, die sind alle reich." – „Alle oder nur die Restaurantbesitzer?" – „Naja." – „Und mafiöse Strukturen gibt es auch!" – „Nein, in Bamberg jedenfalls nicht. Aber mich haben sie immer kontrolliert, wenn ich über den Brenner fuhr. Jedes Mal hat mich der Zoll an der Grenze rechts ranfahren lassen." – „Wie erklären Sie sich das? Hatten Sie die sizilianische Flagge am Auto?" – „Ja, klar, die italienische Trikolore und die sizilianische Trinacria, die Triskele mit dem Haupt der Medusa und den drei laufenden Beine, außerdem hatte ich in Deutschland immer einen Mercedes, immer." – „Und warum sind Sie nach Sizilien zurückgegangen?" – Die knappe Antwort kommt wie aus der Pistole geschossen: „Amore di patria!" – Vaterlandsliebe.
Es ist drei Tage vor dem Referendum am 4. Dezember 2016, von dessen Ausgang Ministerpräsident Matteo Renzi seine politische Zukunft abhängig gemacht hat. „Auf den Straßen ist nichts davon zu spüren, dabei kommt Renzi morgen nochmal nach Palermo, um für ‚Ja' zu werben: Ich bin extra schon am Teatro Politeama aus dem Flughafenbus gestiegen und die Via Ruggiero Settimo und die Via Maqueda heruntergelaufen, aber kein Plakat, kein Hinweis, keine alten Männer, die darüber diskutieren – nichts. Dabei gibt es im Fernsehen kein anderes Thema, die Zeitungen sind voll davon." – „Ich werde ‚Ja' stimmen", sagt der Wirt unumwunden, „ich finde, der Renzi hat es bisher ganz gut gemacht. Dabei bin ich eigentlich Anhänger von Berlusconi, alle Händler hier haben Berlusconi gewählt, das ist eine Persönlichkeit, aber inzwischen ist er zu alt, der kann es nicht noch mal machen." – „Aber der Künstler, dessen Bild Sie hier hängen haben, Renato Guttuso, war Kommunist, und Falcone und Borsellino sind auch eher links einzuordnen." – „Das sind keine Politiker, das sind Richter, die gegen die Mafia ermittelt und ihr Leben gelassen haben. Das sind Helden."

2017

KÖLN Ein Feuerwehrauto fegt mit Blaulicht über den Flughafen. „Wir sind gleich startklar", sagt der Kapitän, „die Flugzeit beträgt heute eindreiviertel Stunden, unsere Route führt über Siegen, Frankfurt, Stuttgart, dann überqueren wir die Alpen. Ich wünsche Ihnen einen angenehmen Flug!" Keine fünf Minuten später folgt die Absage. „Der Abflug verspätet sich, der Flughafen wird vorübergehend geschlossen, die Gründe dafür wurden mir noch nicht mitgeteilt. Ich muss Sie um etwas Geduld bitten. Ich werde versuchen, Genaueres zu erfahren und Sie auf dem Laufenden halten." Diese Ansage wiederholt sich noch mehrfach, später um die Information ergänzt, dass eine easyJet-Maschine auf dem Weg von Ljubljana nach London in Köln notgelandet sei, nachdem Fluggäste die Besatzung darauf aufmerksam gemacht hatten, dass drei Passagiere Gespräche mit „terroristischen Inhalten" geführt hätten. Aber da waren die meisten schon über ihre iPhones informiert. Doch, der Airport werde heute Abend wieder geöffnet – nur wann das geschehe, sei noch nicht klar. Am Ende verspätet sich der Abflug um ziemlich genau drei Stunden. Statt um 18.55 Uhr erfolgt der Start um 21.50 Uhr.

Die Passagiere reagieren bemerkenswert gelassen; auch dass sie nicht wieder aussteigen und zurück in die Wartezone dürfen, regt niemanden auf. Getränke werden angeboten. Die Sizilianer, leicht in der Mehrheit, kommen ins Gespräch. Ein vollschlanker Grauschopf baut sich im Gang auf und redet mit großen Gesten und Bewegungen mit einem Landsmann, der hinten am Fenster sitzt. Er führt sich auf, als wäre er in einem Straßencafé und hätte gerade einen Bekannten getroffen. Wir haben noch nicht abgehoben, und im Inneren des Flugzeug herrscht schon Leben wie auf einer sizilianischen Piazza.

In der Reihe hinter uns sitzen ein Sizilianer, kräftig, um die vierzig, voll tätowiert, sowie ein offenbar in Deutschland lebender, sehr gut deutsch sprechender Italiener – ein eleganter Bel Antonio, das handgenähte Hemd offen bis zum Nabel, die Brusthaare

rasiert, 51 Jahre alt, wie er später verrät (und ein „Complimen-
ti!" seines Nachbarn dafür einsteckt), der zum ersten Mal nach
Sizilien reist. Neben ihm sitzt die neue deutsche Freundin, blond
und etwas jünger, Ute mit Namen. „Wie – zum ersten Mal nach
Sizilien?" Der Sizilianer nimmt das als Aufforderung, ihm die
Schönheiten der Insel, ihrer Städte und Strände von Taormina bis
Cefalù – „San Vito Lo Capo ist ein Traum!" – anzupreisen und von
dem wunderbaren Essen vorzuschwärmen. „Wie, du weißt nicht,
was eine Caponata ist?" – Eine Hymne auf das *dolce vita* dort,
meraviglioso, fantastico, affascinante, bellissimo – eine Inflation
der Superlative. Nur die arme Ute, über deren Kopf (und Körper)
die Unterredung geführt wird, versteht kein Wort. Stumm sitzt
sie zwischen den beiden und blättert in einer Illustrierten, nur
ab und zu wirft der Freund ihr wie einen abgenagten Knochen
eine kleine Übersetzung zu. In Palermo gelandet, umarmen und
küssen sich die Männer zum Abschied und tauschen ihre Te-
lefonnummern aus. Sie wollen sich für einen *giro* verabreden.
Die Dame auf der anderen Seite des Ganges, eine kleine Sizilianerin, Ende fünfzig, schaut immer wieder auf die Uhr. Als eine der
ersten hatte sie in der Wartezone gesessen und ihrer Nachbarin
erzählt, dass sie seit 48 Jahren in Deutschland wohnt; als sie
sechs war, hat der Vater sie und ihre zwei Jahre ältere Schwester
aus Balestrate nachgeholt, seitdem lebt sie in Düsseldorf.
„Haben Sie Ihren Verwandten denn gesagt, dass das Flugzeug
drei Stunden Verspätung hat?" – „Nein, mich erwartet dort niemand", sagt sie nur. – „Aber, wie kommen Sie denn mitten in der
Nacht vom Flugplatz nach Balestrate? Da fährt ja kein Zug mehr."
– „Ja, das weiß ich nicht, der Herr da vorne ist auch aus Balestrate, aber ob der mich mitnehmen kann?" – „Fragen Sie ihn doch."
– Dann erzählt sie von ihren Töchtern, „ich habe Zwillinge und die
haben auch Zwillinge – beide. Jedes Jahr wollen sie im Sommer
nach Balestrate und immer gleich am ersten Tag ans Meer. Wenn
ich dann sage, ‚wartet besser noch einen Tag!', bestehen sie

darauf, als allererstes im Meer zu baden. Aber zu Hause fühlen sie sich in Düsseldorf." Erst beim Aussteigen sagt sie plötzlich: „Wissen Sie, meine Mutter liegt im Krankenhaus, die ist 85 Jahre alt, die fahre ich besuchen. Ich bleibe sechs Tage, aber ich muss bei meiner Cousine auf der Couch schlafen. Ich habe dort keine Wohnung mehr. Dabei ist es doch meine Heimat."

FICUZZA „Da müsst ihr unbedingt in der Masseria Aguglia einkehren, die liegt kurz vor dem Ort, da kann man ganz hervorragend essen", empfiehlt Mario Rubino, Emeritus für Germanistik der Universität Palermo, als wir ihm und seiner Frau Laura Auteri erzählen, dass wir am nächsten Tag nach Ficuzza fahren wollen, dem Anfang des 19. Jahrhunderts errichteten Jagdschloss jenes Ferdinand (1751 bis 1825), der Ferdinand IV. König von Neapel (1759 bis 1815) und Ferdinand III. König von Sizilien (1759 bis 1816) war, ehe er Ferdinand I., König beider Sizilien (1816 bis 1825), wurde. Der Ort liegt keine zwanzig Kilometer vor Corleone und am Rand eines viertausend Hektar großen Wald- und Naturschutzgebiets, einem Reservat seltener Pflanzen, Vögel und Insekten, und macht einen etwas verlassenen Eindruck. Nur ein paar Häuser scharen sich um die breite Schlossanlage mit großer Wiese davor und einem Park dahinter. Ein Mitarbeiter der Forstverwaltung, der mit ein paar Kollegen vor der Tür steht, fühlt sich als erstes aufgefordert, der öffentlichen Meinung entgegenzutreten, Sizilien habe viel zu viele Forstbeamte. Die Leute wüssten einfach nicht – so fängt er an –, dass ihnen hier viel mehr Aufgaben zugewiesen seien als in Norditalien. Dann nimmt er sich viel Zeit für eine Führung, in der er die dynastischen Verbindungen ebenso wie die verschiedenen Sammlungen der Bilder, Möbel und Pflanzen vorstellt und erläutert. Johanniskraut gegen Depression und *bella donna* – Atropin –, das sich die Damen der Gesellschaft in die Augen träufelten, um die Pupillen zu weiten. Ein der Besichtigung vorangestelltes Video gibt eine erste Einführung.

„Wie viele Menschen leben hier?" – „Tausendfünfhundert." – „Haha, das glauben Sie doch selbst nicht." – „Nein, nur um die vierzig." – „Das glaube ich auch nicht, dann gäbe es ja mehr Häuser als Einwohner." – „Ja, es gibt mehr Häuser als Einwohner und nur zwei Kinder. Das eine ist noch ganz klein, das andere geht in den Kindergarten." – „Nach Corleone?" – „Nein, in die andere Richtung, nach Marineo, das sind dreizehn Kilometer."

Einst war der Borgo Ficuzza ein beliebtes Ausflugsziel der Palermitaner, gerade im Sommer, wenn es hier oben nicht ganz so heiß ist. Heute ist nicht mehr viel los, aber es kommen noch genügend Mountainbiker, Reiter und Ornithologen sowie regelmäßig auch Reisebusse vorbei, um zwei kleine Bars am Leben zu halten. Die Idylle des ersten Blicks durchkreuzt der zweite mit Blut: An der mächtigen Felswand aus Kalk, der Rocca Busambra, die sich 1613 Meter hoch über dem Ort erhebt, liegt, so erzählt der Forstbeamte, der „Friedhof der Mafia". In den schwer zugänglichen Schluchten hätten die Corleonesen ihre Leichen entsorgt – eine „lupara bianca", wörtlich ein „weißes Jagdgewehr", also ein Mord ohne Leiche, da auf diese Weise alle Spuren und belastenden Indizien beseitigt wurden. Dennoch sei es vor wenigen Jahren mittels DNA-Analyse gelungen, ein kurz nach dem Krieg ermordetes Opfer zu identifizieren.

Als wir am nächsten Morgen dem 86 Jahre alten Vater des Zeitungshändlers in Santa Flavia, einem pensionierten Reisebusfahrer, der seinen Sohn vertritt, erzählen, dass wir in Ficuzza waren, sagt er als erstes: „Da waren Sie ja sicher in der Antica Stazione, dem ehemaligen Bahnhof. Der ist heute ein Agriturismo, und man kann da ganz hervorragend essen! Wie, da waren Sie nicht? Aber warum denn nicht, waren Sie denn nicht mit dem Auto dort?" – Befragt nach den Sehenswürdigkeiten eines Ortes, kommt ein

Sizilianer – egal, ob Akademiker oder kleiner Rentner – nicht auf die Kirchen, Paläste oder Kunstwerke zu sprechen, sondern zuallererst auf das Restaurant, in dem es das leckerste Essen gibt.

PORTICELLO Ab 19 Uhr leert sich der Strand. Die Badegäste machen sich auf den Heimweg, das Abendessen ruft, und im „Gasthaus" gegenüber, das wirklich so heißt, da seine Besitzer lange in Bayern ein solches hatten, sitzen die ersten Touristen schon beim Aperitif. Genau gegenüber, auf dem Bürgersteig und vor den beiden Treppen hinunter zum Strand, ist der Ausflug ans Meer für eine Familie aber noch nicht zu Ende. Das Heck eines vollbepackten Polo steht offen, die Mutter holt die Shampooflasche heraus, vor dem Vater stehen griffbereit zwei große Kanister mit Wasser. Erst kommt der Junge – vielleicht acht Jahre alt – dran. Er wird begossen, Badehose runter, eingeseift, abgespritzt; dann das Mädchen – vielleicht vier – die langen Zöpfe auf, auch die Poritze, Schnellwäsche. Der öffentliche Raum als öffentliches Bad, mitten im Getümmel, fast ohne Zuschauer. Keiner findet etwas dabei. Eine Schaumpfütze schwappt über das dampfende Trottoir. Der letzte, der am Abend ins Meer springt, ist Vincenzo, der selbsternannte Bademeister und Strandreiniger. Heute hatte er viel zu tun; fünf schwarze Plastiksäcke voll Abfall kamen zusammen. Seine Kleider hat er zusammengefaltet und auf einem Felsen abgelegt, dann schwimmt er hinaus und singt aus Leibeskräften: „Volare – oho, cantare – oh, oh, oh …"

SYRAKUS Syrakus hat sich verändert in den vier Jahren. Es ist sauberer, gepflegter, lebendiger geworden. Und touristischer. Auch Ortygia, die Insel, wo im Jahr 734 vor Christus

Griechen aus Korinth landeten und die Stadt gründeten. Auf den wichtigen Straßen reiht sich eine Bar, Eisdiele, Boutique, ein Restaurant, Geschenkeladen („Prodotti tipici"), eine Galerie an die nächste. Auch die Modeketten haben sich hier eingekauft, Benetton, Zara, Stefanel, H&M, Desigual, Tally Weijl; sogar McDonald's verkauft Eis. Noch halten sich ein paar Obst- und Gemüseläden, Werkstätten und Friseure. Der Leerstand ist zurückgegangen, der Sanierungsbedarf hat sich in die Nebengassen verkrochen, wo Häuser verfallen. Gentrifizierung eines Weltkulturerbes? Was der Schriftsteller Vincenzo Consolo als „dichte und reiche Verschlingung ineinander verschachtelter Denkmäler, Mythen, Symbole, einer Religion, einer Zivilisation, einer Kultur in der anderen" beschrieben hat, erhält hier einen kommerziellen Unterbau – Ambivalenz der Erhaltungsschwierigkeiten eines urbanen Ensembles, das ohne Nutzung keine Perspektive hat. Vielleicht steht das ehemalige Post- und Telegrafenamt, das von 1920 bis 1929 in exponierter Lage – gleich nördlich der Brükke zwischen Festland und Insel – errichtet wurde, stellvertretend dafür: Vor vier Jahren noch ein maroder, abgewrackter Palazzo, wurde es inzwischen aufwendig restauriert und dabei durch ein aufgesetztes Geschoss mit viel zu hoher Fensterzeile entstellt. Schon im März 2016 kündigte Hilton die Eröffnung eines Fünfsternehotels an. Jenseits des weiträumigen Parkplatzes wurde am Kleinen Hafen ein Sonnendeck aus edlem Holz verlegt, doch der Gebäuderiegel ist noch immer eingezäunt. Seit mehr als einem Jahr steht er leer.

SYRAKUS Die Eisenbahn kam in Sizilien erst kurz vor dem Ende des Risorgimento an; 1866 wurde zwischen Messina und Taormina-Giardini der erste Streckenabschnitt in Betrieb genommen. Ihre Bedeutung für die Entwicklung des italienischen

Nationalstaats ist kaum zu überschätzen, auch nicht die Rolle, die sie dabei spielte, das Land sprachlich zu vereinigen und die Lesekultur zu befördern. Der Bahnhof von Syrakus, der 1871 eröffnet wurde, sieht aus wie viele Bahnhöfe zwischen den Alpen und dem Golf von Tarent; zweistöckig, honiggelb, Fassade mit Mittelrisalit, weiß eingefasste Rundbogenfenster und ein Schutzdach über Bahnsteig eins, das auf gusseisernen Säulen steht – der Klassiker.

Im Jahre 1927 hat sich hier eine Romanze zugetragen, die in die Literaturgeschichte eingegangen ist, weshalb eine Tafel daran erinnert. Angebracht wurde sie von der Staatlichen Eisenbahngesellschaft und der Stadt Syrakus am 15. Dezember 2007, und da sie zwischen zwei der drei Eingangstüren hängt, ist sie nicht zu übersehen. Doch so ohne Weiteres verständlich ist sie nicht, denn was mitgeteilt wird, begnügt sich – Tim Parks macht in seinem Buch *Italien in vollen Zügen* darauf aufmerksam – mit Andeutungen: „Gewidmet Sebastiano Vittorini, 1883–1972, dem Literaten und Eisenbahner, der Vorsteher dieses Bahnhofs war, auf dem der Schriftsteller Elio Rosa Quasimodo kennenlernte." Ein Schriftsteller, der nur mit dem Vornamen genannt wird, muss stadtbekannt sein. Einen ausgezeichneteren hat Syrakus im 20. Jahrhundert auch nicht hervorgebracht: Elio Vittorini (1908 bis 1966) war der Sohn des Bahnhofsvorstehers und Autor des Romans *Gespräch in Sizilien* (1941), Übersetzer aus dem Englischen, so von Edgar Allan Poe, William Faulkner oder D. H. Lawrence, Publizist, Lektor und eine schillernde Figur der italienischen Linken. Auch Rosa Quasimodo, seine erste Frau, der er hier begegnete, war das Kind eines Eisenbahners und die jüngere Schwester von Salvatore Quasimodo, der 1959 als zweiter Sizilianer nach Luigi Pirandello (1934) mit dem Nobelpreis für Literatur ausgezeichnet wurde.

Sizilien, so lässt sich die kryptische Lakonie der Tafel deuten, hat es nicht nötig, mit seinen Schriftstellern anzugeben. Auf

Erklärungen für ein auswärtiges Publikum wird verzichtet. Seinen Stolz behält es für sich – genau wie die Vorgeschichte, die das junge Paar damals unweigerlich in die Ehe führte: „An einem Abend im August", schreibt Rosa Quasimodo in ihren 1984 erschienenen Erinnerungen, „erwartete er mich wie verabredet am Fenster seines Zimmers, und ich lief barfuß über das ganze Bahnhofsdach und stieg zu ihm in die Wohnung."

SYRAKUS Xanthias fährt mit dem Tretroller auf die Bühne, ein Eselskopf überragt die Lenkstange. Bepackt mit einem Rucksack und zwei Reisetaschen, die ihm um die Hüften baumeln, trägt er einen schwarz-gelb karierten Anzug und rote Schuhe. Dionysos dagegen ist zu Fuß und hält sich an einer Keule fest, um die Schultern ein Löwenfell über einem safranfarbenen Kleid. Diener und Herr sind hier auch Sklave und Gott; der eine reitet, der andere schreitet – gebeugter und aufrechter Gang. Nur scheinbar sind die Rollen ein wenig vertauscht, denn der, der getragen wird, muss tragen. Und das ist auch Anlass für die ersten Witze, die ihnen, albern bis vulgär, über die Lippen gehen. Zwei Possenreißer, die im Streiten und Lamentieren zu Philosophen werden.

Die Komödie *Die Frösche*, im Jahr 405 vor Christus in Athen uraufgeführt und eine der elf, die von Aristophanes überliefert sind, beginnt mit einem kleinen und endet mit einem großen Kräftemessen. Giorgio Barberio Corsetti, der sie im Griechischen Theater in Syrakus, dem größten und am besten erhaltenen Theater der Magna Graecia, aus der Versenkung holt, stellt schon mit der Besetzung sicher, dass die Muskelspiele eher Maskenspiele sind: Xanthias und Dionysos werden von Valentino Picone und Salvo Ficarra gespielt, politischen Kabarettisten aus Palermo, die zu den bekanntesten Komikerpaaren

Italiens gehören und in ihren Sketchen und Dialogen das ambivalente, zwischen Stolz und Scham schwankende Selbstbewusstsein der Sizilianer so kritisch wie humorvoll mustern. Im weiten Halbrund des Amphitheaters – knapp 139 Meter beträgt sein Durchmesser – sind sie auf Anhieb präsent. Unangestrengt und schlagfertig scheinen sie die jüngere Geschichte der Herr-Diener-Paare, Don Quijote und Sancho Pansa, Jones und Partridge, Puntila und Matti – nein: nicht mitzutragen, sondern mitzuspielen.

Bis zu fünfzehntausend Menschen fasste das Griechische Theater, nachdem es Hieron II. im Jahr 220 vor Christus hatte erweitern lassen. Mehr als eine halbe Million Einwohner zählte die Stadt damals, dreimal so viele wie Athen. Heute sind es 125 000, und auf den in den Kalktuff gehauenen Stufen, die mit Aufsätzen aus Holz geschützt werden, finden bis zu fünftausend Zuschauer Platz. Das Theater liegt im Archäologischen Park Neapolis, eine Abendverabredung für die ganze Familie, sodass im Umfeld die Infrastruktur eines Sportereignisses – Rotes Kreuz, Imbissbuden, T-Shirts – aufgeboten wird. Seine Magie bleibt davon unberührt. Der Sonnenuntergang entzündet die Scheinwerfer.

Komödie – das ist hier, wo die Gattung, als deren Vater Epicharmos aus dem nahen Megara Hyblaea gilt, geboren wurde, nicht der König, sondern der Diener. Erst 1927 hat das Istituto Nazionale del Dramma Antica (INDA), das die Tradition 1914 wiederaufgenommen hatte, mit den *Wolken* des Aristophanes die erste von ihnen den Tragödien hinterhergeschickt. Die *Frösche* (*Le Rane*) mussten bis 1976 warten, und als Luca Ronconi sie 2002 erneut inszenierte, verlängerte er die Endzeitstimmung, die das Stück kurz vor der Kapitulation Athens im Peloponnesischen Krieg (404 v. Chr.) reflektiert, in den moralischen Niedergang der zweiten Präsidentschaft von Silvio Berlusconi.

Auf einer Bühne, auf der Bäume Bäume sind, der Mond nicht aus Pappe ist und der Himmel keine Grenzen hat, wird die selten aufgeführte Komödie so populär, bildstark und erfindungsreich in Szene gesetzt, dass sie mehr als dreitausend Zuschauer in ihren Bann zieht. Das INDA hat die Konkurrenz, die in der Literaturparodie ausgetragen wird, auch im Spielplan abgebildet: Auf *Sieben gegen Theben* von Aischylos, mit denen diese 53. Saison Anfang Mai eröffnet worden war, folgten *Die Phönizierinnen* des Euripides. Erst unter die Lebenden zurückkehren musste dafür keiner der beiden antiken Dramatiker, denn das Theater hat die Alternative, die Aristophanes spaßeshalber aufmacht, verworfen und mit beiden, Aischylos *und* Euripides, seine Existenz begründet. Syrakus ist ein Synonym für ihre Unsterblichkeit.

SYRAKUS „Das war eine gute Idee von Ihnen, dass Sie einen Tisch im Zimmer haben wollten. Den werden wir stehen lassen", sagt Loredana, die in dem Agriturismo ein paar Kilometer südlich von Syrakus sauber macht. – „Aber warum brauchen Sie einen Tisch zum Schreiben? Sind Sie Anwalt?" – „Nein, Journalist!" – „Wie, Journalist? Und worüber schreiben Sie – über Sizilien? Können Sie da nicht auch was über uns schreiben, über meine Freundin Bahija, die hier mit mir arbeitet, und mich?" – „Gute Idee, was wollt ihr denn erzählen?" – „Na, was wir so machen, wie wir leben."

„Ihr seid ja wohl so ziemlich beste Freundinnen!"– „Ja, das sind wir, aber wir kennen uns erst seit zwei Monaten und haben uns hier auf der Arbeit kennengelernt", sagt Loredana: „Bahija hat mir dann gezeigt, wo sie wohnt. Das könnt ihr euch nicht vorstellen, wie hässlich es dort ist – die Gegend, die Straße, das Haus. Es gibt keinen Spielplatz für die Kinder, unglaublich hässlich ist

es dort, da liegt jede Menge Müll rum; ich weiß gar nicht, wie sie das aushält. Und sie muss jeden Morgen eine halbe Stunde zu Fuß gehen, denn es gibt keinen Bus, und sie hat keinen Führerschein. Ihr Mann fährt mit dem Auto. Also hab ich ihnen erstmal eine Wohnung besorgt, nächsten Monat ziehen die zu mir."
Bahija lacht. „Ich freu mich drauf, Loredana." Schon 2000 sei sie nach Italien gekommen, erzählt sie, damals sei sie 27 Jahre alt und verwitwet gewesen, habe in der Nähe von Casablanca gewohnt und ein zweijähriges Kind gehabt; da sei es für sie schwierig gewesen, in Marokko zu bleiben und Arbeit zu finden. Den Sohn habe sie bei ihren Eltern gelassen, der ist jetzt zwanzig und studiert. In Sizilien habe sie sofort einen Job bekommen, „von Anfang an mit Papieren, immer offiziell". Einmal im Jahr fahre sie für vier bis sechs Wochen zurück, um ihren Sohn zu sehen. „Aber leben will ich nicht mehr in Marokko."
– „Warum nicht?" – „Es ist schön dort, es geht den Leuten nicht schlecht, wir haben einen guten König." – „Aber?" – „Es fehlt an Respekt." – „An Respekt gegenüber den Frauen?" – „Ja, gegenüber den Frauen, aber auch insgesamt, gegenüber den Armen." – „Aber in Italien gibt es auch Fremdenfeindlichkeit und – Sie tragen einen Hijab – Menschen, die Muslime unter Generalverdacht stellen." – „Ja, hab ich aber nie erfahren." – „Wirklich nie, in siebzehn Jahren nicht?" – „Vielleicht ein einziges Mal, als ich auf einem Amt in der Schlange stand, da hat mich einer blöd angequatscht, dem hab ich ganz schön herausgegeben." – „Und wie haben Sie so perfekt Italienisch gelernt? In der Schule?" – „Nein, Unterricht hatte ich nie. Aber in Marokko wird ja auch Französisch gesprochen, und ich habe jedem hier von Anfang an gesagt, dass er mich sofort korrigieren soll, wenn ich einen Fehler mache."
„Gehen Sie denn in die Moschee, oder gibt es hier keine?" – „Doch, es gibt eine Moschee, aber ich geh dort nicht hin; ich bete zu Hause." – „Sie geht nicht hin, weil ihr Mann eifersüchtig

ist", wirft Loredana dazwischen. – „Ja", lacht Bahija, „der ist eifersüchtig. Er will nicht, dass ich in die Moschee gehe. Ich habe 2008 wieder geheiratet, einen Marokkaner, und wir haben einen Sohn, der ist sieben Jahre alt." Sie zeigt ein Foto von ihm. „Aber der sieht ja aus wie ein kleiner Sizilianer, dunkel, gut genährt und robust! Spricht Ihr Mann denn auch so gut Italienisch?" – „Nein, längst nicht so gut", platzt Loredana wieder dazwischen. – „Doch, er spricht schon ganz gut, und er versteht alles", sagt Bahija, „aber er ist ein eher verschlossener Typ, er arbeitet in der Landwirtschaft, da wird nicht viel gesprochen." – „Und warum tragen Sie den Hijab?" – „Ich weiß es selbst nicht, bis 2008 hab ich ihn nicht getragen!" – „Vielleicht, weil Ihr Mann es will?" – „Ja, vielleicht. Als ich schwanger war, hat er von mir verlangt, dass ich zurück nach Marokko fahre, damit das Kind dort geboren wird, wenn es ein Mädchen wird. Ich bin dann zu einer Frauenärztin gegangen und hab eine Ultraschalluntersuchung machen lassen: ein Junge. Mein Mann hat mir dann aber aufgetragen, noch einen Frauenarzt zu konsultieren. Erst als der den Befund bestätigt hatte, durfte ich zurückkommen und das Kind in Italien zur Welt bringen." – Ihr Handy klingelt. „Oh, das ist Youssef, mein Sohn, ich muss jetzt arabisch sprechen." – „Er wächst zweisprachig auf?" – „Klar, er spricht beides gleich gut, Arabisch und Italienisch. Nächsten Samstag fährt mein Mann für zwei Wochen nach Marokko." – „Das ist ja schön, Bahija!", ruft Loredana, „da gehen wir zusammen Pizza essen."
Am nächsten Morgen – die Koffer sind schon gepackt – kommt Loredana noch einmal zu uns. „Eins hab ich euch ja gar nicht erzählt, das müsst ihr unbedingt noch wissen: Dass ich ein Glückspilz bin! Im Herbst 2014 starb mein Schwiegervater, den hab ich sehr geliebt und er hat mich geliebt. Er hat mit mir mehr geredet als mit seinen Kindern. Und als er auf dem Sterbebett lag, hat er sich bei mir bedankt und mich gebeten, gut auf die Familie aufzupassen. Das hab ich ihm versprochen. Fünf Tage

nach seinem Tod hab ich etwas gemacht, das ich noch nie gemacht habe und auch nie wieder tun werde: Ich hab Lotto gespielt. Als Zahlen habe ich die Daten seines Todes und seiner Beerdigung eingetragen und – das glaubt ihr mir ja doch nicht, aber ihr findet es auch so im Internet – fast zweihunderttausend Euro gewonnen. Das war der höchste Betrag, den es hier je gegeben hat. Davon haben wir, mein Mann und ich, uns ein Haus gekauft, nicht in Cassibile, wo wir wohnen, sondern in Fontane Bianche, direkt am Meer. Das vermieten wir im Sommer, und mein Mann, der Direktor in einem Transportunternehmen ist, hat ein neues Auto bekommen, einen Mercedes. Ich bin seit dreißig Jahren verheiratet und habe Zwillinge, ein Junge und ein Mädchen, die sind 22. Aber ich geh natürlich jeden Tag weiter Putzen."

VIZZINI „Was müssen wir denn hier gesehen haben?", fragen wir den Inhaber des Mini Market an der Piazza in Vizzini, der unter der großen Hitze stöhnt. „Das ist ja nicht auszuhalten, draußen sind 42 Grad!" – „Na, besser als in Köln, da regnet es. Wir würden lieber hier in der Sonne bleiben, aber morgen Abend fliegen wir zurück." – „Ihr Glücklichen! Na ja, so ist das, die Menschen wollen immer das, was sie nicht haben. Ich hab ein paar Jahre in Varese gelebt, oben im Norden, da war es nicht so heiß. Aber ich musste zurückkehren, einfach, weil das hier mein Land ist: *la terra mia*.
„Also ansehen müsst ihr euch das Geburtshaus von Giovanni Verga, da drüben die Treppe hinauf." Sie ist wie in Caltagirone bunt gekachelt, aber längst nicht so breit und so hoch. „Da ist ein Museum drin, und dann da drüben die Straße hinunter auf die kleine Piazza vor der Kirche Santa Teresa, der ist das Vorbild für den Ort des tödlichen Zweikampfs in der *Cavalleria Rusticana*,

wo Alfio aus Rache für die verletzte Mannesehre Turiddu ersticht." – „Aber dass Giovanni Verga in Vizzini geboren wurde, ist ja alles andere als sicher. Auch Catania erhebt Anspruch darauf, auch dort gibt es ein Geburtshaus mit einem Museum." – „Für die anderen ist das nicht sicher, für uns schon."

Das kleine Museum ist – mal wieder – geschlossen, Mittagspause. Der kleine Platz fällt nicht weiter auf, nur dass zwei Tafeln ihm zuschreiben, was ihn in die Literatur- und – Pietro Mascagni hat die Dramenversion der Novelle vertont – Operngeschichte aufgenommen hat.

MIRABELLA IMBACCARI   Das Städtchen mit gerade mal fünftausend Einwohnern ist der Ort mit der höchsten Mercedes-Dichte, wenn nicht von ganz Italien, so doch von Sizilien. In den Siebzigerjahren sind mehr als die Hälfte der siebentausend Menschen, die damals hier lebten, nach Deutschland ausgewandert, in den Großraum Stuttgart, um bei Daimler-Benz zu arbeiten. Neben den deutschen Autos haben sie auch die Giebelformen mitgebracht, die hier auffallend viele Häuser tragen. Von 1978 an ist jede Woche ein Bus von Mirabella Imbaccari nach Sindelfingen gefahren; der Südtiroler Andreas Pichler hat das 2001 in seinem Film *Mirabella / Sindelfingen – Rückfahrkarte nach Deutschland* dokumentiert.

Vor der Bar an der Piazza Vespri, der einzigen, die in der frühen Nachmittagshitze geöffnet hat, sitzen drei alte Männer. „Stimmt das denn, dass hier alle Mercedes fahren?" – „Das sind doch sehr gute Autos", sagt der Besitzer der Bar nur, und ein Mann, Anfang sechzig und fast zahnlos, der auf ein Glas Wein vorbeigekommen ist, erzählt, dass er lange in Stuttgart in einem Restaurant gearbeitet habe. – „Und was machen Sie jetzt?" – „Ich bin Lkw-Fahrer. Die Strecke Sizilien–Stuttgart und zurück fahre ich zweimal im Monat, mit Tomaten, Auberginen, Artischocken, Pfirsichen." Mehr als ein paar Brocken Deutsch spricht er nicht. Die Alten sind, als sie hören, dass wir Deutsche sind, neugierig geworden und murmeln in waschechtem Schwäbisch „Ha no!" und „Ha waisch!", bevor sie „Adele!" grüßen. Zwei Autos, die entgegenkommen, tragen die deutschen Kennzeichen „LEO" und „BB".

AIDONE Es dürfte nicht viele Museen in Italien geben, die äußerlich so wenig hermachen und derart unscheinbar wirken, aber so einzigartige Schätze bergen wie das in einem ehemaligen Kapuzinerkonvent untergebrachte Regionale Archäologiemuseum in Aidone, einem Bergstädtchen mit knapp fünftausend Einwohnern. Ausgestellt sind hier die Funde von Morgantina, einer Grabungsstätte, die wenige Kilometer östlich liegt und erst seit 1955 erforscht wird. Schon im 11. Jahrhundert vor Christus siedelten hier die Sikuler, ab dem 6. Jahrhundert kamen Griechen hinzu, die nach der Zerstörung durch den Sikulerkönig Duketios die schon vorher orthogonal angelegte Stadt wieder auf- und ausgebaut und – das ist heute noch sichtbar – sie zu Wohlstand und beachtlicher Größe geführt haben.

Die Grundmauern und Grundrisse von Morgantina wurden fast lückenlos freigelegt, sodass sich die Strukturen, Straßen und öffentlichen Einrichtungen gut erkennen lassen: Um die Agora, die auf drei Seiten von Hallen eingefasst und von einer Ringtreppe erschlossen wird, ordnen sich Tempel, Läden, Häuser sowie ein in den Hang gestuftes Theater. Etwas entfernt liegen die Bäder; das Süd-Bad allein hat vierzehn Räume. Die besondere topografische Lage auf einem Hügelrücken, den Monti Erei, lässt bei gutem Wetter bis zum Ätna blicken – und hat der Gegend den Beinamen „Balkon Siziliens" eingetragen.

Erst 2007 ist das bedeutendste Exponat, eine Statue der Göttin Demeter oder – weniger wahrscheinlich – ihrer Tochter Persephone aus dem 5. Jahrhundert vor Christus, die hier Ende der Siebzigerjahre von Grabräubern gestohlen und nach Amerika verbracht wurde, aus dem Paul Getty Museum in Los Angeles an Italien zurückgegeben worden. Im März 2011 wurde die *Dea di Morgantina* endlich in Aidone wiederaufgestellt; auch Museen in Palermo oder Rom hätten sie sich gerne gesichert: Überlebensgroß, das Gewand aus Kalkstein, die Arme und das Gesicht aus Marmor, zeichnet sie eine frappierende Lebendigkeit aus. Schon zwei Jahre davor sind Köpfe der Göttinnen Demeter und Kore aus dem Museum der University of Virginia heimgekehrt, 2010 der sechzehn Teile umfassende Silberschatz des Eupolemos aus dem Metropolitan Museum in New York, 2016 ein Kopf des Gottes Hades, ebenfalls aus dem Getty. Auch die Sammlung von Gefäßen, Amphoren, Kelchen, Tellern und Bechern, von Figurinen, Masken, Münzen und Schmuck ist beeindruckend.

Ein Museumscafé gibt es nicht, aber gleich gegenüber vom Eingang hat ein deutsches Paar, Andreas und Isi Dömer, 2012 La Piazzetta del Museo eröffnet – ein kleines Lokal, drinnen nur zum Stehen, draußen vier, fünf Tische, wo es Kuchen, Torten, Panini, Fladenbrot, Antipasti, Salate, Eis sowie selbstgemachte Marmeladen und Spezialitäten wie Maulbeer-Granita anbietet. Womit sich Tausende von Italienern in Deutschland eine Existenz aufgebaut haben, das versuchen diese beiden Deutschen in Italien; „nur, dass wir das ja, anders als die meisten Italiener in Deutschland, nicht machen mussten. Wir machen das freiwillig", sagt Isi Dömer und lacht.

„Café – Gastronomia – Gelati" steht auf der Markise über dem Eingang, „Museum Café" auf der über den Tischen gegenüber. Ein deutscher Name? „In den ersten Jahren gab es kein Schild am Museum, das deutlich machte, was sich hinter dem scheinbaren Kircheneingang verbirgt. Alle naselang kam ein verzweifelter Tourist bei uns rein, um zu fragen, wo denn das mysteriöse Museum ist. Da der damalige Direktor ziemlich beratungsresistent war, wollten wir anzeigen, dass hier irgendwo das Museum sein muss. Und das in möglichst internationalem Stil", erklärt Andreas Dömer augenzwinkernd: „Erst vor zwei Jahren hat ein Angestellter des Museums die sechs Terracotta-Buchstaben, die jetzt über der Tür prangen, anfertigen lassen – und sie aus eigener Tasche bezahlt."

Die beiden sind schon seit 1990 in Sizilien. „Erst wollten wir von Münster aus nur aufs Land, aber die Kotten dort waren entweder schon weg oder unerschwinglich", sagt Andreas Dömer. Auch in der Bretagne haben sie sich umgeschaut, ehe sie mit einem zum Camper aufgerüsteten Lieferwagen in Sizilien gelandet sind, wo sie ein Schweizer Ehepaar, das hier lebte, den Winter aber lieber in der Heimat verbrachte und eine Stallwache für sein Landhaus suchte, kennenlernten. Das erleichterte den Einstieg. Ihren Lebensunterhalt verdienen sie mit Olivenöl, das sie selber pressen, um im Winter in die Lombardei zu fahren, wo sie es auf dem Markt verkaufen. In dieser Qualität gäbe es das auch in der Toskana nicht. Fünfzehn Jahre lang haben sie Deutsch am Gymnasium in Enna unterrichtet. Das Café, für das sie eine Garage gekauft, selbst umgebaut und aufgestockt haben, trage sich gerade so, erzählen sie, und das auch nur, weil im Sommer immer fünfzig bis sechzig Archäologiestudenten aus den Vereinigten Staaten nach Aidone kommen und in Morgantina graben.

Die Buskarawanen, die täglich Piazza Armerina ansteuern, um Touristenscharen vor der Villa Romana del Casale abzuladen, lassen Aidone links liegen. Für einen Abstecher – nur fünfzehn Kilometer auf einer kleinen, kurvenreichen Straße – reicht die Zeit nicht, wenn Sizilien in nur sieben Tagen abgeklappert werden muss. Aidone und Morgantina schlummern im Dornröschenschlaf und können noch entdeckt werden. Auch dass vor

wenigen Jahren die Straße zu der antiken Stätte mit Kopfstein-
pflaster befestigt und diese weiträumig eingezäunt wurde, hat
daran wenig geändert.

„Für Sizilianer etwas Sizilianisches zu backen, geht irgendwie
nicht", hatten sich Andreas und Isi Dömer zunächst gesagt –
und sich lieber auf das verlassen, was sie von zu Hause kann-
ten und konnten. Doch inzwischen arbeitet eine Sizilianerin bei
ihnen mit, und sie haben gemeinsam traditionelle alte Rezepte
ausgegraben, die den Einheimischen verloren gegangen waren.
Ihre Spezialität sind Biscotti di Cicerchia, ein Spritzgebäck aus
Erbsenmehl. Ein Glas mit den kleinen weißen Früchten steht
neben der Kasse auf dem Tresen; die Sizilianer, die so an ihre
Kindheit erinnert werden und danach fragen, staunen. Sogar
die Cannoli – mit Ricotta gefüllte Teigröllchen – werden hier
selbst gebacken.

Seit kurzem steht ein junger Mann, Juldeh aus Guinea, an der
Kaffeemaschine. Aidone hat hundertsechzig Flüchtlinge aufgenommen. „Für die kleine Stadt ist das", sagt Andreas Dömer,
„ein wichtiger Wirtschaftsfaktor: für Lebensmittelhändler und
Hausbesitzer, auch für Ärzte und Rechtsanwälte. Geld verdienen dürfen die Flüchtlinge zunächst nicht, aber die alten
Bauern, deren Kinder sich für die Feldarbeit zu schade sind,
nehmen zwei oder drei von ihnen morgens mit zur Ernte und
geben ihnen abends zehn oder zwanzig Euro. So hat jeder was
davon." In Sizilien bleiben wollten nur wenige. „Die meisten
möchten nach Nord-italien oder nach Deutschland", sagt Isi
Dömer, „manche auch nach Skandinavien – immer dorthin, wo
sie Verwandte haben." Juldeh hat inzwischen eine Aufenthalts-
genehmigung, kann in andere Länder reisen und ein normales
Arbeitsverhältnis eingehen.

Was Andreas und Isi Dömer über die Bürokratie und das Versa-
gen der öffentlichen Verwaltung im Süden berichten, etwa über
kleine Museen in abgelegenen Ortschaften, an denen dreißig

Wächter beschäftigt sind, die bis zu dreitausend Euro im Monat verdienen, stellt alle Klischees und Vorurteile in den Schatten, die über Sizilien im Umlauf sind. Ihr Umweltbewusstsein lässt sie seit Jahrzehnten einen aussichtslosen Kampf gegen Windmühlen führen: „Dass uns Kunden sagen, wir sollten das Essen doch bitte auf Plastiktellern ausgeben, damit wir uns den Abwasch sparen können, passiert hier häufig." Mafia? – „Die gibt es hier überall", sagt Andreas Dömer, „aber wir sind denen vermutlich zu exotisch."

PALERMO Wir sind, auf Anregung des Buchhändlers Klaus Bittner, mit Mario Rubino verabredet, der an der Universität Palermo Germanistik gelehrt hat; seit ein paar Jahren ist er emeritiert. Seine Frau Laura Auteri, Genueserin, die er in Köln, wo er am Italienischen Kulturinstitut arbeitete, kennengelernt hat, unterrichtet noch dort. „Ich war für die Neuere Literatur, von der Klassik bis heute, zuständig, meine Frau für die Ältere." Als Treffpunkt hat er den Palazzo Chiaramonte an der Piazza Marina vorgeschlagen, von dort gehen wir in die Antica Focacceria San Francesco ein paar Gassen weiter, die 1834 gegründet wurde und deren Besitzer einer der ersten war, der sich öffentlich und offensiv gegen die Schutzgelderpressung stellte. Heute ist sie eine Plattform der Addiopizzo-Bewegung, die 2004 überall in der Stadt schwarz umrandete Zettel mit der Aufschrift „Ein Volk, das Schutzgeld zahlt, ist ein Volk ohne Würde" an Wänden, Mauern und Türen anschlug.

Seitdem hat sich die Lage entspannt; das Viertel wandelt sich – in der Umgebung haben Galerien, Werkstätten und eine Buchhandlung eröffnet, an der Ecke zum Corso unterhält die Addiopizzo-Initiative einen kleinen Supermarkt. Ist die Mafia verschwunden? Nein, sie ist weiter präsent, aber unsichtbar.

Längst hat sie sich auf größere Geschäfte wie Drogenhandel und Markenpiraterie verlegt, infiltriert Behörden und Konzerne, tritt in Anzug und Krawatte auf. Immer noch kommt es vor, dass Läden und Autos abgefackelt werden, und im Stadtteil Brancaccio hat sie sich gerade mit einem Anschlag auf die Baustelle der Kirche zurückgemeldet, die dem von ihr 1993 ermordeten Priester Pino Puglisi gewidmet ist.

Kein Tourist muss die Mafia fürchten, Palermo gilt heute als eine der sichersten Städte Italiens, und doch kann, wer hier Urlaub macht, nicht ausschließen, sie indirekt zu unterstützen. Denn wie soll er wissen, ob die Gelateria, in der er Cassata schleckt, die Trattoria, in der er Spaghetti con le sarde mampft, oder die Boutique, in der er Schuhe kauft, Schutzgeld bezahlt? Die Addiopizzo-Bewegung gibt ihm dafür den Stadtplan „Ich kaufe nur schutzgeldfrei ein" an die Hand, einen „Führer für kritische Verbraucher", der alle Betriebe und Geschäfte – vom Restaurant bis zum Supermarkt, aber auch Dienstleister und Theater – auflistet, die sich zu ihren Zielen bekennen. 980 Adressen in Palermo und Umgebung verzeichnet die neueste Liste, ein Bündnis des Widerstands – und gerade mal fünf Prozent der rund zwanzigtausend Unternehmen. Was aber ist mit den anderen; mit den restlichen 95 Prozent?

Mario Rubino hat zwei Aufsätze zur Sizilienwahrnehmung in der deutschen Literatur mitgebracht. Neben den drei Grundkomponenten, die Ernst Osterkamp im Nachwort zu seiner Anthologie *Sizilien. Reisebilder aus drei Jahrhunderten* herausgearbeitet hat, der Griechensehnsucht, dem Stauferkult und dem morgenländischen Exotismus, sieht er eine vierte Konstante: „Von Anfang an fiel allen Reisenden aus dem Norden die krasse Diskrepanz zwischen der prächtigen Größe der vergangenen Zeit (ganz gleich, ob nun in griechischem oder arabisch-normannischem Gewand) und der Armut und Rückständigkeit der jeweiligen Gegenwart auf." Dabei gebe es zwei unterschiedliche Grundhaltungen: eine aufklärerische, so bei dem Jakobiner Seume in seinem *Spaziergang nach Syrakus 1802*, und eine ästhetisierende, „die manchmal ironische Züge annimmt". Für letztere stehe kein Geringerer als Goethe Pate, der in der *Italienischen Reise* Armut, Schmutz und Rückständigkeit zwar wahrnehme, aber als Bestandteile des Lokalkolorits empfinde.

Diese beiden Stränge bestimmen, so Rubino, die deutsche Sizilienliteratur bis heute: „Die einzige Variation ist vielleicht eine quantitative, im Sinne einer Abnahme der Anhänger Goethes, also der Verklärer der sizilianischen Wirklichkeit im Namen eines höheren Bildungsideals, und einer Zunahme der Realisten, der Kritiker."

Sizilien zum Weiterlesen. Kleine Auswahlbibliografie:

Simonetta Agnello Hornby, *Ein Hauch Olivenöl. Eine sizilianische Familiengeschichte*. Aus dem sizilianischen Italienisch von Monika Lustig, Berlin 2014.

Roberto Alajmo, *L'arte di annacarsi. Un viaggio in Sicilia*, Rom und Bari 2010.

Roberto Alajmo, *Palermo sehen und sterben*. Aus dem Italienischen von Karin Krieger, München 2005.

Anonymus, *Mein Leben für die Mafia. Der Lebensbericht eines ehrbaren anonymen Sizilianers*. Aus dem Italienischen von Christel Galliani, Reinbek 1989.

Bippo Battaglia, Leoluca Orlando, *Leoluca Orlando erzählt die Mafia*. Aus dem Italienischen von Udo Richter, Freiburg i. B. 2008.

Letizia Battaglia, *Passion Justice Freedom*, *Photographs of Sicily,* New York 1999.

Attilo Bolzoni, *Die Mafia. 100 Fragen – 100 Antworte*n. Aus dem Italienischen von Walter Kögler und Rita Seuß, Stuttgart 2012.

Katharina Bürgi, Hg., *Sizilien und Palermo. Eine literarische Einladung,* Berlin 2008.

Carmen Butta, *Jetzt gehörst du nicht mehr dieser Welt, Reportagen über die Mafia,* Stuttgart und Leipzig 1999.

Iso Camartin, *Jeder braucht seinen Süden*, Frankfurt a. M. 2003.

Giacomo Cimino, *C'era una volta Vucciria*, Palermo 2008.

Vincenzo Consolo, *Die Steine von Pantalica. Sizilianische Geschichten.* Aus dem Italienischen von Anita Pichler, Frankfurt a. M. 1996.

Vincenzo Consolo, *Palermo. Der Schmerz*, Roman. Aus dem Italienischen übersetzt von Maria E. Brunner, Wien und Bozen 2008.

Stefano D'Arrigo, *Horcynus Orca*, Roman. Aus dem Italienischen von Moshe Kahn, Frankfurt a. M. 2015.

John Dickie, *Cosa Nostra. Die Geschichte der Mafia.* Aus dem Englischen von Sebastian Vogel, Frankfurt a. M. 2007.

Joachim Fest, *Im Gegenlicht. Eine italienische Reise*, Berlin 1988.

Moses I. Finley, *Das antike Sizilien. Von der Vorgeschichte bis zur arabischen Eroberung.* Aus dem Englischen übersetzt von Karl-Eberhardt und Grete Felten, München 1979.

Moses I. Finley, Denis Mack Smith, Christopher Duggan, *Geschichte Siziliens und der Sizilianer.* Aus dem Englischen übersetzt von Kai Brodersen, München 1989.

Fondazione Leonardo Sciascia, *La Sicilia, il suo cuore*, Ommagio a Leonardo Sciascia, Palermo 2004.

Ralph Giordano, *Sizilien, Sizilien! Eine Heimkehr*, Köln 2002.

Johann Wolfgang von Goethe, *Italienische Reise (1816–1829),* München 1981.

Johann Wolfgang Goethe, *Viaggio in Sicilia*, Traduzione di Aldo Oberdorfer, Ragusa 2015.

Alban Nikolai Herbst, *New York in Catania. Eine phantastische Reise durch Sizilien*, Frankfurt a. M. 1995.

Paul Hommel, *Sizilien. Landschaft und Kunstdenkmäler*. Mit einem Geleitwort von Hugo von Hofmannsthal, München 1926.

Henning Klüver, *Der Pate – Letzter Akt. Eine Reise ins Land der Cosa nostra*, München 2007.

René König, *Sizilien. Ein Buch von Städten und Höhlen, von Fels und Lava und der großen Freiheit des Vulkans*, München 1950.

Gioacchino Lanza Tomasi, *I luoghi del gattopardo*, Palermo 2001.

Herbert Maeder, Hg., *Sizilien*, St. Gallen 1964.

Dacia Maraini, *Bagheria. Eine Kindheit auf Sizilien*. Aus dem Italienischen von Sabina Kienlechner, München und Zürich 1994.

Jean-Bernard Naudin, Gérard Gefen, Lydia Fasoli, Fanny Calefati di Canalotti, *Tomasi di Lampedusas Sizilien. Prunk und Pracht zu Zeiten der Leoparden*. Aus dem Französischen von Bernadette Ott, München 2001.

John Julius Norwich, *Sizilien. Eine Geschichte von der Antike bis in die Moderne*. Aus dem Englischen von Gerlinde Schermer-Rauwolf und Rita Seuss, Stuttgart 2017.

Leoluca Orlando, *Der sizilianische Karren*, Geschichten. Aus dem Italienischen von Moshe Kahn, Zürich 2004.

Leoluca Orlando, Ulla Steffan, Hg., *Sizilien fürs Handgepäck*, Zürich 2012.

Hanns-Josef Ortheil, *Die Insel der Dolci. In den süßen Paradiesen Siziliens*, München 2013.

Ernst Osterkamp, Hg., *Sizilien. Reisebilder aus drei Jahrhunderten*, München 1986.

Eckart Peterich, *Sizilien. Ein Führer*, München 1974.

Petra Reski, *Mafia. Von Paten, Pizzerien und falschen Priestern*, München 2008.

Petra Reski, *Von Kamen nach Corleone. Die Mafia in Deutschland*, Hamburg 2010.

Thomas Schröder, *Sizilien*, Reiseführer, Erlangen 2016.

Leonardo Sciascia, *Der Tag der Eule*, Roman. Aus dem Italienischen von Arianna Giachi, Zürich und Köln 1985.

Leonardo Sciascia, *Mein Sizilien*. Aus dem Italienischen von Martina Kempter und Sigrid Vagt, Berlin 1995.

Johann Gottfried Seume, *Spaziergang nach Syrakus im Jahr 1802*, München 1985.

Giuseppe Tomasi di Lampedusa, *Der Gattopardo*. Aus dem Italienischen neu übersetzt von Giò Waeckerlin Induni, München und Zürich 2011.

Giuseppe Tomasi di Lampedusa, *Die Sirene, Erzählungen*. Aus dem Italienischen von Moshe Kahn, München und Berlin 2017.

Alli Traina, *Vicoli vicoli. Palermo. Guida intima ai monumenti umani*, Palermo 2009.

Elio Vittorini, *Gespräch in Sizilien*, Roman. Aus dem Italienischen von Trude Fein, Berlin 1999.

Christine Wolter, *Juni in Sizilien*, Reiseerinnerungen, Berlin und Weimar 1977.

Angheli Zalapì, Gioacchino Lanza Tomasi, *Paläste auf Sizilien*, Fotografien Melo Minnella, Köln 2000.

Namenregister

Ortsregister

Abbildungsverzeichnis

Die Fotos von Barbara Klemm
entstanden 1996 und 2004.

Andreas Rossmann, geboren 1952 in Karlsruhe, ist Feuilletonredakteur der *Frankfurter Allgemeinen Zeitung*. Seit 1986 berichtet er aus Nordrhein-Westfalen. Studium der Anglistik, Germanistik und Philosophie in Heidelberg, London, Norwich und Siena. Von 1979 bis 1984 Wissenschaftlicher Mitarbeiter am Institut für Allgemeine und Vergleichende Literaturwissenschaft der Freien Universität Berlin. Veröffentlichungen u. a.: *Max Ernst Museum* (2005); *Der Rauch verbindet die Städte nicht mehr – Ruhrgebiet: Orte, Bauten, Szenen* mit Fotografien von Barbara Klemm (2012). Erster Preis beim Wettbewerb des Forums Geschichtskultur an Ruhr und Emscher 2014. Andreas Rossmann lebt in Köln.

Barbara Klemm, geboren 1939 in Münster/Westfalen, wuchs in Karlsruhe auf. Seit 1959 war sie für die *Frankfurter Allgemeine Zeitung* tätig, von 1970 bis Ende 2004 als Redaktionsfotografin mit Schwerpunkt Politik und Feuilleton. Für ihr Werk wurde sie mit zahlreichen Preisen geehrt, u. a. mit dem Dr. Erich Salomon-Preis der Deutschen Gesellschaft für Photographie, dem Maria Sibylla Merian-Preis und dem Max Beckmann-Preis der Stadt Frankfurt a. M. Veröffentlichungen u. a.: *Bilder* (1986), *Unsere Jahre* (1999), *Straßenbilder* (2009), *Künstler* (2011), *Fotografien 1968–2013* zur Retrospektive im Martin Gropius Bau in Berlin (2013). Barbara Klemm lebt in Frankfurt am Main.

Für Hilfe und Hinweise danke ich Laura Auteri, Klaus Bittner, Maria Bordonaro, Andreas Dömer, Karin Graf, Thomas Grüßner, Vincenzo Militello, Pino Poggi, Mario Rubino, Anna Wolfinger; Radio Italia und Antonello Venditti, Franco Battiato, Lucio Dalla, Pino Daniele.

Impressum

© 2017 Andreas Rossmann und Verlag der Buchhandlung Walther König, Köln
Fotografien © Barbara Klemm

Lektorat: Textschiff – Christina Bösel, Konstanz
Gestaltung: Harald Pridgar, Frankfurt a. M.
Herstellung: DZA, Druckerei zu Altenburg GmbH

Erschienen im
Verlag der Buchhandlung
Walther König, Köln
Ehrenstrasse 4, 50672 Köln
Tel. +49 (0)221 / 20 59 6-53

Bibliografische Information der Deutschen Nationalbibliothek:
Die Deutsche Nationalbibliothek verzeichnet diese Publikation in der Deutschen Nationalbibliografie; detaillierte bibliografische Daten sind im Internet über http://dnb.dnb.de abrufbar.

Printed in Germany

ISBN 978-3-96098-174-9

Andreas Rossmann:
Der Rauch verbindet die Städte nicht mehr – Ruhrgebiet: Orte, Bauten, Szenen

Mit Fotografien von Barbara Klemm und einem Vorwort von Karl Ganser. Verlag der Buchhandlung Walther König, Köln 2012, 2. Auflage

264 Seiten mit 25 ganz- bzw. doppelseitigen Schwarz-Weiß-Abbildungen, Personen- und Institutionsregister, Fadenheftung

ISBN 978-3-86335-179-3
14,80 €

„Die Lektüre macht Lust, sofort loszufahren und die Orte alle zu bereisen!"
Karl Ganser, Direktor der Internationalen Bauausstellung Emscher Park, im Vorwort

Pressestimmen:

„Kahle Begriffe wie Strukturwandeln füllen sich mit der Anschauung von Abraumbergen, Tagesbrüchen, Bibliotheken, Museen. Und große Worte haben keine Vorfahrt. Für alle, die über die A40 fahren: GPS reicht nicht, dies Buch gehört ins Handschuhfach."
Lothar Müller, Süddeutsche Zeitung, 15. November 2012

„Der Titel *Der Rauch verbindet die Städte nicht mehr* ist eine Replik auf Joseph Roths seinerzeitige Pointe übers Revier. Was verbindet sie dann? Man ist geneigt zu sagen: Andreas Rossmann. In immer neuen Anläufen zeigt er, wie nach dem Ende der ‚flächenfressenden Industrie' und Schließung der Zechen weite, bis dahin fast arkane Räume neu genutzt, obsolete Strukturen umgewidmet oder mit dem ersetzt werden, was überall dafür so einfällt – wenn nicht Startups, dann Kultur und Wissenschaft."
Erhard Schütz, Der Tagesspiegel, 30. September 2012

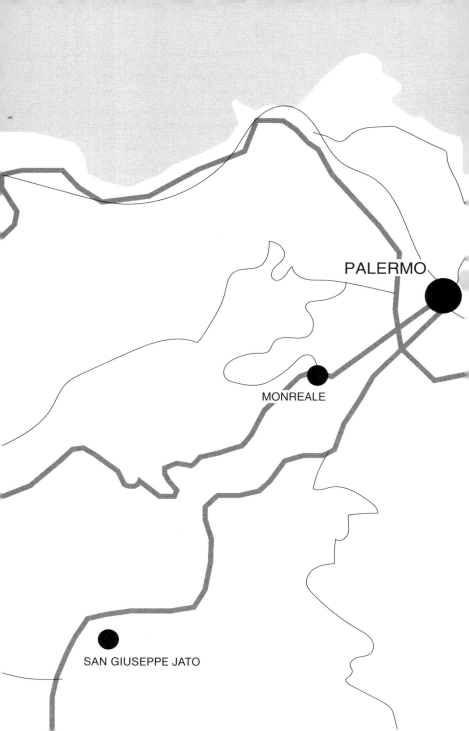

PALERMO

MONREALE

SAN GIUSEPPE JATO